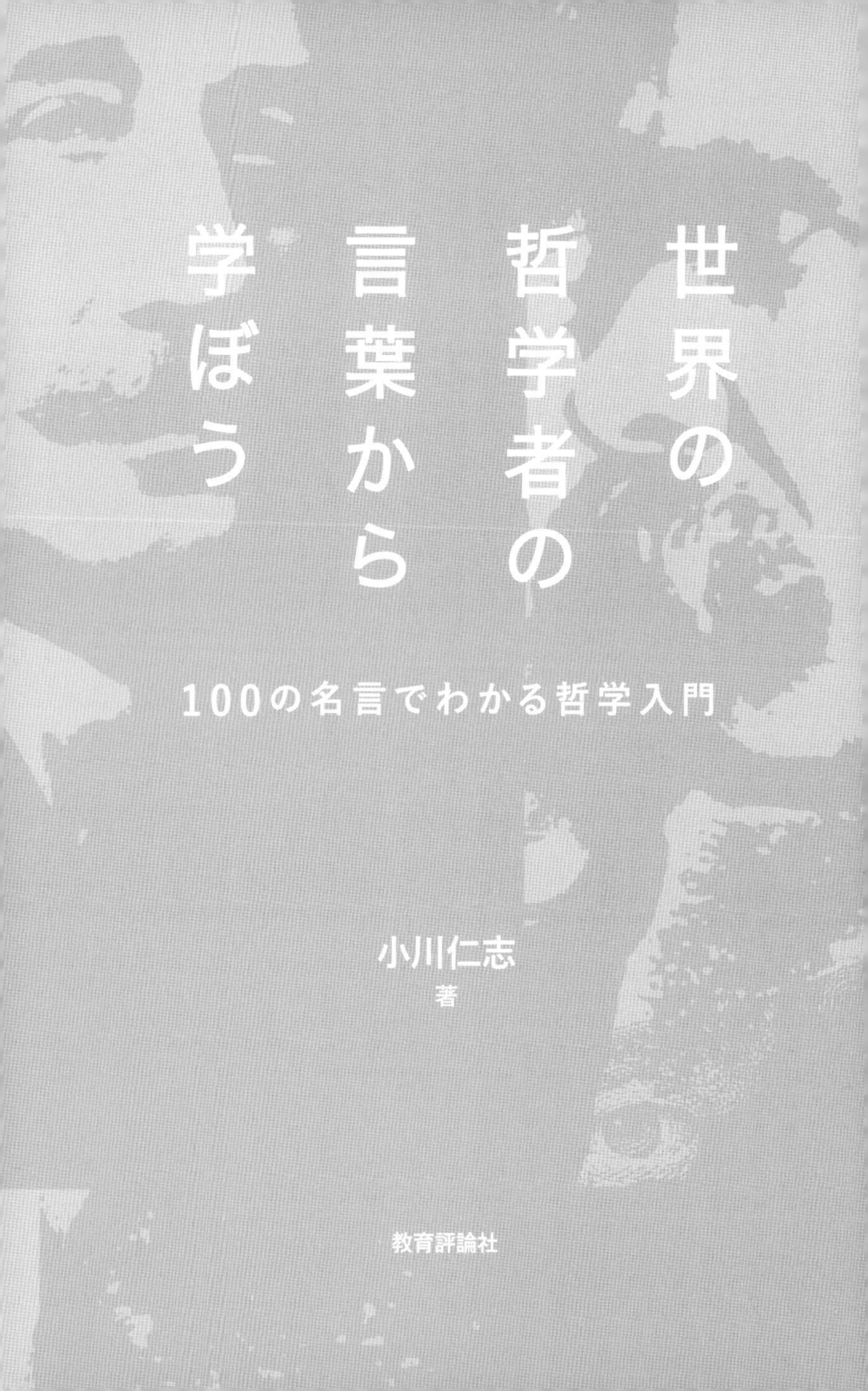

世界の哲学者の言葉から学ぼう

100の名言でわかる哲学入門

小川仁志
著

教育評論社

はじめに——哲学者の名言は宝の宝庫

この本を書くきっかけになったのは、二〇一七年夏にＮＨＫ・Ｅテレで放送された「世界の哲学者に人生相談」という番組に指南役として出演したことです。古今東西の哲学者の名言で、視聴者やゲストの悩みに答えるというもの。やってみて感じたのは、哲学者の言葉は時空を超えて現代の私たちの悩みにも十分対応し得るポテンシャルを秘めているということでした。

そこで哲学者の名言をたどりながら、単に悩みに答えるだけでなく、もっと広く人生や社会について学べる本がつくれないかと模索してきました。その結果出てきたのが、この「哲学者の言葉から学ぶ」という企画です。

歴史上の哲学者たちは、人生や世界の出来事、物事のあり方、捉え方について、考えに考えたすえ、珠玉の言葉を生み出しています。したがって本当は、その一つひとつがいずれも今を生きる私たちにとって偉大な財産なのです。

ところが、哲学は難しいとか役に立たないといって敬遠され、偉大なはずの財産が地中深く埋もれてしまっているのが現状です。図書館の地下室に埋もれてしまっているといったほうが正確でしょうか。現に本書を書くに当たって、いくつかの名言を図書館の地下に埋もれた哲学書から探し出してきました。

本書では、よく知られている名言だけでなく、そんな隠れた名言にもスポットライトを当て、その背景や現代的意義などを紹介したうえで、そこから何を学ぶことができるのか明らかにしています。その際、古代ギリシアから現代に至るまで、必須の哲学者とその著名な思想が紹介できるよう名言を選んでいますので、全体を読んでいただければ哲学の歴史や全体像もつかめるはずです。ぜひ哲学者に人生や世の中を学ぶと同時に、哲学そのものも学んでくださいね。

なお、本書を執筆している過程で、冒頭で言及した番組がレギュラー化することが決まりました。特番と同じ「世界の哲学者に人生相談」という番組名ですが、今回は必ずしも名言を紹介するものではありません。その点で、テレビと合わせて本書を読んでいただければ、より哲学を楽しめることと思います。テレビで気になった哲学者のことをさらに知りたいときなどにも使っていただけると幸いです。

世界の哲学者の言葉から学ぼう◎目次

第2章　哲学の高まり（近世、近代）

第3章　哲学の展開（現代――反近代の思想）…………97

第4章　哲学の拡散（現代――ポスト構造主義以後）……145

第5章　東洋の哲学（中国、日本）…………187

装丁＝相羽裕太（明昌堂）

第1章

哲学の始まり（古代ギリシア、中世、ルネサンス）

1

哲学の父

ソクラテス

■無知の知■

知に対して謙虚になろう

されば私は、少くとも自ら知らぬことを知っているとは思っていないかぎりにおいて、あの男よりも智慧の上で少しばかり優っているらしく思われる。

『ソクラテスの弁明』

哲学は知らなくても、ソクラテス（B.C.469頃-B.C.399）の名前は知っているという人も多いと思います。それもそのはず、哲学は古代ギリシアのソクラテスによって始められたといっても過言ではありません。もちろんそれ以前から、世界のあり様を論理によって解明しようとした人たちはいました。世界は水でできていると唱えたタレスなどの自然哲学者です。

でも、他方で彼らが「ソクラテス以前の哲学者」を意味するフォアゾクラティカーと呼ばれるのはなぜか？　やはりそれは、ソクラテスこそが「知を愛する」という本来の意味でのフィロソフィー（哲学）の概念を確立し、その営みを実践し始めたからにほかなりません。

もともとソクラテスは平凡な石工《せっこう》でした。ところがある日、友人が神殿でお告げを聞いたといいます。それは、ギリシアにソクラテス以上の賢人はいないという内容のものでした。そこで彼はお告げの真偽を確かめるべく、当時賢者とされていたソフィストと呼ばれる人たちに質問して回ったのです。その結果わかったのは、誰一人として自分の質問に満足に答えてくれる者がいないということでした。

　そしてソクラテスは気づきます。賢者と呼ばれる人たちは、実は何でも知っているふりをしているだけで、自分と何ら変わらないのだと。いや、むしろ何も知らないと自覚している分だけ、自分のほうが優れているのではないかと。なぜなら、知ったかぶりをした時点で、もうそれ以上知る機会を逃してしまうからです。

　これに対して、無知であることを認め、さらに知ろうとすれば、知識が増えてより賢くなるチャンスが開かれます。より真理に近づくことができるのです。これが「無知の知」という概念の意味です。聞くは一時の恥、聞かぬは一生の恥というわけです。

　ここから私たちが学ぶことができるのは、謙虚になることの大切さです。謙虚になって知ったかぶりをしないことではじめて、新しいことを吸収できるからです。たしかに自分に自信を持つことも必要ですが、それによって傲慢になってしまってはいけません。自分に自信を持つということと、知に対して謙虚になることとはまったく別のことなのです。

　ソクラテスは多くの弟子に慕われる魅力的な人物でしたが、それは彼が自信に満ちあふれた賢者だったからではなく、知に対してどこまでも謙虚だったからです。そうしてソクラテスは、二千数百年のこの西洋の歴史の中において、哲学の父と称されるに至ったのです。

2

哲学の父

ソクラテス

問答法

考えさせるような質問をしよう

ある種の意見は敬重すべく他のものは敬重すべきではないと従来繰返して来た主張が、はたしてあらゆる場合に正しいかどうかを検討して見てはどうだろう。

『クリトン』

知に対して謙虚になることではじめて、哲学の扉が開かれます。しかしその開いた扉の内側を突き進んでいくためには、ある技術が求められます。それが問答法にほかなりません。ソクラテスが生み出した哲学の方法論です。晩年ソクラテスは、若者をたぶらかしたかどで裁判にかけられました。とはいえ、彼はただ質問をしまくっただけです。かたっぱしから若者をつかまえては、質問していきました。質問を繰り返すことで、本質に近づけると考えたからです。これこそが問答法です。

ここで大事なのは、すぐに答えを教えるのではなく、相手自身に考えさせる点です。すぐに答えを教えてしまっては、相手は何も考えることはありません。考える機会を持てないわけです。その結果、受動的に人の話を聞くだけになってしまいます。これでは相手の身になりません。

学校でもそうですが、教師が一方的に答えを教えるだけだと、生徒は人の話を聞くだけで終わってしまいます。その意味で、教師はたくさん質問をしたほうがいいのです。教えるというより、生徒が自分で考えるお手伝いをするようなイメージです。

ですから、ソクラテスの問答法も、相手が自分で答えを生み出す手伝いをするという意味で、お産を助けるのになぞらえて「産婆術」とも呼ばれます。ソクラテスに質問をされた人は、まるでシビレエイに刺されたかのように、びりっと刺激を受けたといいます。だからソクラテスはシビレエイにもたとえられました。若者を刺激したのです。そんな行為が危険視されたわけです。

でも、質問をして掘り下げていかないと真理に近づくことはできません。ソクラテスは自分の死の意味についても、この問答法によって明らかにしようとしました。投獄されたソクラテスに死刑から逃げることを勧める友人のクリトンに対し、なんとその正しさを問答法で吟味しようと持ちかけたのです。そのときのセリフが冒頭の名言です。要約するとこうなります。クリトンはかねてより、意見にはその有益性ゆえに尊重すべきものとそうでないものがあると主張してきたが、その主張がいかなる場合にも正しいかどうか検討してみよう。

結果、二人が確認するに至ったのは、ただ生きるということではなく、善く生きることの大切さでした。そうしてソクラテスは、この場合死を受け入れることが善く生きることであると結論付けます。対話の後、クリトンが最後につぶやいたのはこの言葉でした。「僕はもう何もいうことはない」。二人が、もうそれ以上は行き着くところがないという場所、真理に到達した瞬間でした。

3

理想主義の哲学者
プラトン

■イデア■
魂の声に耳を傾けよう

何かを純粋に知ろうとするならば、肉体から離れて、魂そのものによって事柄そのものを見なければならない…
『パイドン』

古代ギリシアの哲学者プラトン（B.C427-B.C.347）は最初政治家を目指していましたが、ソクラテスに出会い、哲学の道に進みます。そしてソクラテスの教えを世に残すために、多くの著作を著します。その中でも、プラトンの思想の根幹ともいうべきイデア説が明確に語られているのが、『パイドン』という作品です。『パイドン』は、ソクラテスが死刑によって最期を迎えるに当たり、魂の不死をめぐって対話をするという設定になっています。プラトン中期の代表作といわれています。

では、イデアとは何か？　もともとこれは、物の姿や形を意味する言葉でした。ただ、形といっても私たちの目に見える形ではなく、心の目によって洞察される物事の真の姿、事物の原型のことを指しているといっていいでしょう。

感覚によってとらえられるものは移ろいゆくものですが、イデアは永遠不滅の存在なのです。そしてあらゆる物事はイデアの影にすぎないため、私たちには本当の姿を見出すことが求められます。それは感覚によっては見出せないのです。

だから冒頭の『パイドン』の引用にあるように、肉体を離れて、魂そのものによって事柄そのものを見なければならないということになるわけです。プラトンは、こうしたイデアによって構成される永遠不滅の世界と、感覚によってとらえられる現実の世界を区分しました。前者がイデア界、後者が現象界です。絶えず変化する現象界は、永遠に変わることのないイデア界を模範として存在しているといいます。

そう、この永遠に変わることがないという点がイデアの特徴なのです。たとえば、三角形を描いたとします。私たちが描く三角形は、いつも少しずつ異なります。別の人が描けばまた違う三角形になるでしょう。線の太さがあるので、完璧な三角形など描けないのです。しかし、三角形のイデアはいつも完璧で、いつも同じなのです。同様に、魂もまた永遠に変わることはありません。それは不死の存在なわけです。

このイデア説ゆえに、プラトンの世界観は現実と理想の二元的なものだといわれます。私たちはどうしても目の前の現実にとらわれがちですが、永遠に変わることのない物事の本質、本当のことを知りたければ、理想を追い求めないといけないのです。そのためには、魂の声に静かに耳を傾ける必要があります。

4

理想主義の哲学者

プラトン

エロス

完全なものを求めよう

エロスは、よいものを永遠に自分のものにすることを求めていたのだからな。

『饗宴』

プラトンのイデア説は、彼の愛の概念にも大きく影響を及ぼしています。哲学の世界にはエロス、フィリア、アガペーという三つの愛があるといわれます。フィリアはアリストテレスの唱えた友愛、アガペーはキリストが唱えた無償の愛、そしてエロスこそ、プラトンの唱えた愛です。

では、エロスとは何を意味するのか？　これについては『饗宴』の中で詳細に議論がなされています。『饗宴』は対話篇の一つですので、ソクラテスをはじめとした古代ギリシアの哲学者たちの対話という形で、愛に関する議論が展開されています。

もちろんこの対話はプラトンによるフィクションですから、そこでの議論は、すべてプラトンの思考だといっていいでしょう。『饗宴』は古代ギリシアの賢人たちが、お酒を飲みながらエロスという愛の神をめぐって議論する様を描いたものです。飲み会で愛について持論をぶつけ合うような感じです。

賢人たちは順に自分たちの考えを披露していきます。特徴的なのは、まず欠如としての愛について論じる点です。つまり、エロスとは人間が自分にない部分を求めるという説です。たとえば、アリストファネスの語った、男女（アンドロギュノス）という両性具有者に関する神話がそれです。手足が四本、顔や生殖器が二つあるアンドロギュノスが、神の怒りを買って真っ二つに引き裂かれたのが、求め合う男と女の愛の始まりだといいます。これによると、人は自分を満たすために、欠けている半身を求める存在であり、それこそが愛の本質だということになります。

ところが、プラトンがソクラテスに仮託して述べているところによると、それは間違っているのです。愛とは不完全なものを求めることではなくて、完全なものを入手しようとすることなのです。その完全なものの究極が、不死にほかなりません。プラトンが理想主義者と称されるのもうなずけます。ちなみに純愛を意味するプラトニックラブという言葉は、プラトンの愛に由来します。

こうしてプラトンは、エロスとは不死で完全な神と、死すべき人間との間に存在する中間者ダイモーンだと結論づけるに至ります。そして、ダイモーンとしてのエロスは、知恵と無知との真ん中にいるとも表現されます。その意味でエロスは、知を愛し求める哲学という営みそのもののメタファーになっているわけです。

5

万学の祖 アリストテレス

■四原因説■

まず段取りを考えよう

我々が或る物事を知っていると言いうるのは、我々がその物事の第一の原因を認識していると信じるときのことだからであるが、原因というのにも四通りの意味がある。

『形而上学』

プラトンの弟子であり、また、かのアレキサンダー大王の家庭教師も務めたとされるアリストテレス（B.C.384-B.C.322）。彼は「万学の祖」と称されるように、知の巨人としても知られています。アリストテレスは、物事が発展していくプロセスを示す原理として四原因説なるものを唱えました。

原因とはギリシア語でアイティアーといって、もともとは物事の責任を意味しています。いわば、何事にもそれが生じる責任があるはずだと考えたのです。火のない所に煙は立たないように。そう、まさにアリストテレスは、火も万物の根源（アルケー）の一つにほかならないといっています。

そして彼は、物事が生じ、存在するに至る原因として次の四つを挙げます。物事が生成するもと、いわば材料としての質料因、物事の原型ともいえる形相因、物事の始まりとしての起動因、物事の終わりとしての目的因の四つです。あらゆる物事はこれら四つの原因を条件として存在しているというのです。自然物さえも。

なんでもかんでも四つの原因で成り立っているなんて、面白いですよね。四つの原因をステップにしてみると、質料因がステップ１、形相因がステップ２、起動因がステップ３、目的因がステップ４になるわけです。仕事のプロセスとして一般化すると、「対象→構想→実践→完成」ということになるでしょうか。わかりやすい例として、家を建てる際のプロセスにこれを当てはめてみましょう。この場合、まず質料因は材料に当たります。そして形相因は設計図、起動因は建築行為、目的因は建築物というふうになるわけです。

仕事だと段取りが大事ですから、たしかにこういう発想は使えるかもしれません。なんでも４ステップあると思っておけばいいのです。でも、日常生活にはどうやって生かせばいいのでしょうか。料理などはすぐに当てはまると思います。家を建てるのとほぼ同じですから。材料、レシピ、調理、出来上がりの４ステップということになると思います。あるいは、掃除にも当てはまりそうです。ちらかった部屋、片付いたイメージ、掃除、片付いた部屋というふうに。

このように、仕事でも日常生活でも、なんでも段取りが大事なのです。完成までの段取りさえ頭の中できちんと描いておけば、物事はおのずと進んでいきます。何かやる際には、まず段取りを考えるようにしましょう。

6

万学の祖

アリストテレス

■フィリア■

自分のことのように相手のことを思おう

親愛ないし友愛という「愛」（フィリア）について論ずるのが順序であろう。というのはそれは一つの卓越性（アレテー＝徳）といっていいもの、ないしは卓越性というものと切り離せないものなのだからである。

『ニコマコス倫理学』

アリストテレスは、古代ギリシアの都市国家ポリスに住んでいました。そしてポリスの存在をとても重視しました。当時の人々は、このポリスという共同体で互いに助け合いながら生活していたからです。その助け合いの倫理こそが、フィリアなのです。

一言でいうと、フィリアとは友愛を意味する言葉です。同胞愛、仲間への愛、あるいは友情といってもいいでしょう。それは自分と同じように他人のことを思うものなのです。ただ、他人のことを思う点で、やはり愛の一種ではあります。

たとえば、寒いと感じれば、即座に「あの人も寒いんじゃないだろうか」と思ったり、つらいと感じれば、即座に「でも、あの人もきっとつらいに違いない」と思ったりする。これが自分と同じように他人のことを思うということです。仲間を愛するというのは、そういう感覚なのではないでしょうか。自分だけ得をしようとか、利用してやろうなどという気持ちで接していてはいけません。損得勘定を抜きにして相手のことを考えるのです。

問題は、そうはいっても、人はついつい自分を優先してしまったり、損得勘定で考えてしまうことがある点です。人間は意志の弱い生き物ですから。アリストテレスも「意志の弱さ（アクラシア）」について論じています。どうするのが善なのかわかっていても、行為に移すことができないのが人間だというのです。仲間を愛しているといいながら、所詮は自分のメリットのことばかり考えて付き合っているという人はいるものです。

この点に関してアリストテレスは、フィリアをさらに三つに分類して分析しています。「有用ゆえの愛」、「快楽ゆえの愛」、「善ゆえの愛」の三つです。有用ゆえの愛とは、相手が有用だから付き合うというものです。「賢い友達と付き合っていると、得をする」などというふうに。快楽ゆえの愛もこれに類似しており、相手と付き合っていると快適だから愛するというものです。したがって、これらの愛は非本来的な性質を持つものにすぎないとされます。だからそんな愛は、有用でなくなったり快楽が得られなくなると、いとも簡単に解消されてしまうのです。

これに対して、善ゆえの愛とは、相手にとっての善を相手のために願う人々の愛をいいます。この愛は、無条件な意味での善であり、自分が善き人である限り永続するわけです。人から信頼を得るために求められるのは、この愛にほかなりません。

7

エピクロス派の始祖

エピクロス

■快楽主義■

満足して落ち着こう

心境の平静と肉体の無苦とが、静的な快である。これに反し、喜びや満悦は、動的な現実的な快と見なされる。

『エピクロス』

ヘレニズム期の哲学者エピクロス（B.C.341-B.C.270）は、自ら学園を築き、エピクロス派といわれるグループを形成した人物です。ヘレニズムとは、アレキサンダー大王が東方遠征を行った後の時代を指します。この征服によって、古代ギリシアのポリスが崩壊してしまったのです。それに伴い、ポリスのような共同体を中心とした倫理や価値観も失われてしまいました。そこで人々は、新しい価値観を求めて、新たな思想を打ち立てたのです。その一つがエピクロスの思想でした。

エピクロスの思想は、一般的に快楽主義だといわれます。しかし、この表現には誤解があります。快楽が目的だというとき、彼らエピクロス派が意味しているのは放蕩者の官能的快楽ではないからです。そうではなくて、彼らのいう快楽とは、肉体において苦しまないことと、魂において混濁しないことを指しているというわけです。

「肉体において苦しまないこと」という部分だけをとらえて、快楽にふけることを幸福とみなしているなどと断定してはいけません。エピクロスはそのような官能的快楽を忌避さえしているのですから。そうしてむしろ「魂において混濁しないこと」、つまり心の平静不動を意味するアタラクシアこそが理想の状態だとしたのです。

いくら満足したほうがいいといっても、たとえばおいしいものを食べ過ぎればかえってお腹を壊してしまうように、有害ですらあるのです。かくして彼のいう快楽は、余分なものを排除していく方向で追求されます。それが幸福に達するための「四つの薬」と呼ばれるものです。つまり、①神々を怖れないこと、②死を恐れないこと、③快楽の限界を知ること、④苦痛の限界を知ることの四つです。

たしかに人間にとっての恐怖のほとんどは、神の怒りか死だともいえます。私たちは日ごろ、バチが当たるんじゃないだろうかとか、死なないかとびくびくしながら生きているのです。だから、この二つの恐怖を取り除くことができれば、こんなに楽なことはありません。快楽の限界と苦痛の限界についても、それぞれ何が真の快楽で、何が真の苦痛なのかを知っていれば、まやかしの快楽や苦痛に踊らされることもないのです。

喜びや満悦のような現実的で動的な満足だけが快楽ではありません。心境の平静や肉体の無苦といった静的な満足もまた快楽であることを忘れないようにしたいものです。

8

ストア派の哲学者

エピクテトス

■禁欲主義■

欲望が満たされれば幸せなのか心に問うてみよう

もし読書がきみに心の平和を持ち来たらさないならば、それはなんの役に立つだろうか。

『語録』

ストア派というのは、古代ギリシアのポリスが崩壊した後、新たな価値観を築くべく創設されたヘレニズム期の思想グループです。ゼノン（B.C.335頃-B.C.263頃）によって創設されたのですが、ローマ時代のマルクス・アウレリウス（121-180）に至るまで、長く存続しました。

彼らの思想の特徴は、世間的な価値を蔑視し、自然に従って生きることを勧める点にあります。ストア派にとっての究極の価値は大宇宙の自然に従って生きることだというのです。問題は、人間が自然にさからう能力を持っている点です。これが幸不幸の分かれ目となります。自然に従った者は幸福になり、さからった者は不幸になるというわけです。

よくストア派に由来する言葉としてストイックが挙げられますが、これは彼らが禁欲主義を旨としていたからです。欲を抑えることで、心の状態をアパテイア、つまり平穏に保とうとしたのです。アパテイアとは、情欲を意味するパトスがない状態をいいます。それこそが幸福な状態であると。

ストア派の中でももっともよく読まれているのが、古代ギリシアの思想家エピクテトス（50頃-135頃）の『語録』だといわれます。エピクテトスはもともと奴隷の出身で、後に解放されて自由人になってから哲学を究めたユニークな人物です。皇帝も彼の学校に教えを乞いに行ったとか。そんな波乱万丈の人生から生み出された重みのある言葉が、弟子によって残されているのです。

その一つが冒頭の名言です。実はこの言葉の前には、読書が単なる娯楽だったり、何かを知るためのものだというような人は、憐れむべきだと記されています。つまり、あらゆる事柄は心を平和にしてはじめて意味があると考えるわけです。

そして心を平和にするただ一つの道は、意志の外にあるものは遠ざけ、何物をも自分のものとは考えないようにするということです。それは欲望を捨てることでもあります。エピクテトスにとって、欲望はそれが満たされなければ不幸だと感じる原因になるだけでなく、たとえ満たされたとしても、思いあがってしまう原因になるというのです。そしてそれは空しい状態であると。

たしかに、満たされた瞬間は気づかないけれども、後から空しくなることはあるものです。それなら最初から平静なままのほうがいいということなのでしょう。消費と快楽の時代に響く言葉です。

古代キリスト教最大の教父

アウグスティヌス

■恩寵■

どうしたら神様に救ってもらえるのか考えてみよう

このように大きな栄光が疑いもなく無償に、先行の功績なしに、人性に与えられたのは、誠実かつ冷静に考察する人々に、このような唯一の大きな恩恵を明らかに示すためではないであろうか。

「信仰・希望・愛（エンキリディオン）」

中世の時代はキリスト教が盛んだったこともあり、哲学はどちらかというと下火でした。それに伴って、中世における哲学の課題は、いかにキリスト教に矛盾しないように説明するかというところにありました。その点で北アフリカ出身のキリスト教哲学者アウレリウス・アウグスティヌス（354-430）は、最初にその課題に取り組んだ人物だといっていいでしょう。もっとも、彼は最初から敬虔なキリスト教徒であったわけではなく、青年時代は乱れた生活を送っていました。それを懺悔する意味で書かれたのが『告白』という有名な自伝です。

回心後のアウグスティヌスが目をつけたのは、プラトンの哲学でした。プラトンの説く現実の世界とイデア界という二元論的な世界観を用いて、それがキリスト教の地上の国と神の国の関係を説明するものであると説明しました。つまり、プラトンがエロスという情熱によって、現実の世界からイデア界に至ると論じたのと同様に、アウグスティヌスは教会における信仰によって、地上の国から神の国へと至ることができると説明したわけです。

その際アウグスティヌスは、恩寵つまり神の恩恵を強調しました。恩寵とは、神による無償の働きかけをいいます。つまり、神の愛は、人間の善といった前提条件にかかわらず、無条件に与えられるということです。

逆にいうと、これは功績による救済を否定するものでもあります。冒頭の名言に「先行の功績なしに」とあるのはそこを意識したものでしょう。堕落した人間が救われるためには恩寵によらなければならないとしたわけです。そのためアウグスティヌスは、神が人間救済のためにつくった恩寵の施設である教会と、イエスの代理人であるローマ教皇に天国へのカギを与えてしまいます。

こうした発想は、すべての人が救われるのではなく、予め選ばれた人だけが救われるとする予定説につながってきます。そうして論争が起こるわけです。さらに、これがきっかけで、その後教会が力を持ち始めます。華美な教会が世界中に残っているのはこうした理由からです。免罪符を買わないと救われないとするローマ教会の暴挙を生み出した遠因もここにあったということができるかもしれません。

私たちはすぐに「神様お願い！」と都合よく手を合わせます。でも、いったいどういう理屈で神様に救ってもらえるのか、キリスト教徒でなくても一度考えてみるといいかもしれません。

10

スコラ哲学の大成者

トマス・アクィナス

神

神とは何か、自分なりに定義してみよう

神において見られることがらは、神の本質を見る者たちにより、何らかの類似性によって見られると思われる。

『神学大全』

トマス・アクィナス（1225頃-74）はシチリア王国出身のキリスト教哲学者です。当時は十字軍の遠征によって、アラブ世界からアリストテレスが逆輸入された時代でした。そこで、キリスト教と古代ギリシア哲学を統合する必要があったのです。その課題に取り組んで、スコラ哲学を完成させたのがアクィナスでした。それは必然的に、神とは何かを哲学の言葉で問うことになります。そこでアクィナスは、アリストテレスの哲学を用いて、地上の国の人間存在と神の存在を対比して論じました。決して両者の存在が同次元のものであるなどといっているわけではありません。神は偉大な存在ですから、そこはあくまで類比にとどまるわけです。

冒頭の名言にあるように、人間は神そのものを見ることはできないので、そうやって何かにたとえるしかありません。たとえば、「人間：人間の存在＝神：神の存在」と表現できたとしても、これは

「人間の存在＝神の存在」ということではないのです。神の存在の中に人間の存在がある。いわば、人間の本質と人間の存在を足し合わせても、まだ神の本質のほうが大きいということになります。このような考えを存在の類比と呼びます。

とにかくアクィナスにとって、神は存在論の第一の基礎とされる大事な存在です。その神について知り、語るには、ほかに方法がないというわけです。私たち人間は、あくまで被造物である人間についてしか知り得ません。だから神についてはそこからアナロジーによって類比的に想像するしかない。それほど神は偉大なのです。

こうした発想は、アクィナスの哲学に対する姿勢にも反映されています。彼は「哲学は神学の婢《はしため》」（神学の侍女の意）と断言するように、理性に対する信仰の優位を掲げました。ただ、それは理性を排除しようということではなく、むしろ信仰が優位を占める社会において、理性の位置を確保しようとした点に意味があります。

その証拠に彼の主著といってもいい『神学大全』は、どの項目も「異論」、「反対異論」、「主文」、「異論答」で構成されています。この論理性はまさにアリストテレス哲学にそっくりです。したがってアクィナスは、キリスト教の内容を哲学の言葉で表現することによって、神の存在を論じながらもかえって哲学の存在こそを浮き彫りにしたといえます。私たちもよく神という言葉を口にしますが、それを定義するのは至難の業です。ぜひ一度挑戦してみてはいかがでしょうか。

11

リーダーシップを説いたリアリスト

マキアヴェッリ

君主

リーダーは恐れられることを恐れないように

> 君主は、慕われないまでも、憎まれることを避けながら、恐れられる存在にならねばならない。
>
> 『君主論』

ニッコロ・マキアヴェッリ（1469-1527）は、ルネサンス期イタリアの政治思想家です。彼の『君主論』はリーダーシップ論の古典として今も読み継がれています。なぜ『君主論』は今の時代にも役に立つのか？　その答えは、マキアヴェッリのリアリズムにあります。目的のためには手段を選ばないその悪名高き権謀術数は、「マキャヴェリズム」とも呼ばれています。

だから『君主論』の場合、古典によくありがちな、高潔な理想を謳って終わりということがないのです。むしろその逆で、過剰なまでに現実的なのです。その象徴ともいえるのが、君主は恐れられなければならないという主張です。

ちなみにマキアヴェッリ自身は恐れられる存在でもなければ、君主ですらありませんでした。フィレンツェ共和国の書記官として外交に携わっていましたが、その後失脚して『君主論』を執筆します。

当時のイタリアは、小国が対立し合っており、政情が不安定でした。そんな状況を肌で感じ、また外交官として他国の君主を観察することで、リアルな政治思想を形成していったものと思われます。

いわれてみればたしかにマキアヴェッリは本質をついています。リーダーたるもの、なめられていては務まりません。とはいえ、怖いだけでは独裁者のようになってしまいます。恐怖だけで組織の活力を保ち続けるのは難しいでしょう。やがて反乱が起こるに決まっています。だから彼は、他方で憎まれてはいけないと釘を刺すのです。慕われることまでは不要だが、憎まれないようにしないといけないと。そのうえで恐れられることが必要というわけです。この現実に傾いたバランス感覚が絶妙だといえます。

恐れられてはいるけれど、尊敬されるリーダーになるためには、有徳でないといけないのです。ここでもマキアヴェッリが現実的なのは、必ずしも実際に徳を備える必要はないといっている点です。人は外見と結果で物事を判断しがちなので、慈悲深く、信義に厚く、表裏なく、人情味にあふれ、宗教心の篤い人物だと思われさえすればよいというわけです。

つまり、君主には演技力が求められるのです。リーダーは強いだけではダメで、演技力のようなずる賢さも求められる。マキアヴェッリはこの性質を二種類の動物にたとえています。狐と獅子です。狐は狡猾で罠にはまることはなく、獅子は強くてほかの動物に負けることがないからです。この両方の能力がリーダーには求められるということです。

12

リーダーシップを説いたリアリスト
マキアヴェッリ

■共和政■

理想の政治体制について考えよう

最初の三つのよき政体のもつ性格のどれをも含んだ一つの政体を選び、それをもっとも安定して堅実な政体だと判定するのである。そのわけというのも、同じ都市のなかに、君主政、貴族政、民衆政があれば、おたがいに牽制《けんせい》しあうからである。

『政略論』

『君主論』で知られるマキアヴェッリですが、ほかにも理想の政治体制について論じた『政略論』という著書があります。これは『ローマ史論』、『リウィウス論』、『ディスコルシ』などのタイトルがついていることがあります。古代ローマの歴史家リウィウスによって著された膨大な『ローマ建国史』の中に書かれた共和政ローマの事例を参照しつつ、共和政の良さについて議論を展開したものです。どのような政治体制がいいかなんて、日ごろなかなか考えることはないと思います。民主主義が当たり前だと思っているからです。でも、はたしてそれでいいのかどうかも含めて、一度考えてみる価値はありそうです。

現代日本の視点からすると、民衆政つまり民主主義が最適なのはもちろんなのでしょう。でも、決してベストとはいえないはずです。単なる多数者の支配に陥ったり、ポピュリズムを招来したりという問題があるからです。君主政も君主の人格次第ですし、貴族政は賢人による政治ということなのかもしれませんが、腐敗は免れないでしょう。そこでマキアヴェッリは共和政の利点を訴えるのです。

マキアヴェッリは、君主政、貴族政、民衆政の三つが混合されたものが最善の政治体制であるといいます。そして古代ローマ共和政はそれを実現したものだというのです。マキアヴェッリは、民衆の判断力を高く評価しています。単純にいうと君主という個人に比較して、より公共善を追求することが可能だからです。君主はどうしても個人の利益を追求しがちです。

民衆が支配する共和国は、自由な体制であると同時に、そうした公共善が追求されていると考えるのです。ところが問題は、人間は貪欲なので、なかなか理想を維持しきれない点です。古代ローマとは異なり、すでにマキアヴェッリの時代には、個人のモラルが揺らいでいたのです。そこで彼は法律や教育、そして宗教の力を重視します。民衆の健全さを維持するためです。そのような背景のもとにはじめて、共和政は成り立つということです。

もしそれがダメなら、つまり腐敗した社会には、もはや民衆を指導する一人の有力者の力が求められるとします。それが彼の『君主論』におけるマキャヴェリズムにつながっているのでしょう。しかし、基本的にはマキアヴェッリは共和政支持者であった、ということができる点に注意が必要です。その点に着目すれば、権謀術数を過大評価する極端なマキャヴェリズムのレッテルから自由になり、マキアヴェッリの真の姿を見ることができるように思います。

Tetsugaku BREAK TIME

1　哲学の使い方あれこれ

哲学から人生が学べるというのは、この本でもうすでに感じていただいていることと思います。そのほかにも、哲学には様々な使い方があります。哲学は決して役に立たない学問ではないのです。

たとえば、私がＮＨＫ・Ｅテレの「世界の哲学者に人生相談」でやったように悩みの解決にも使えますし、ビジネス思考にも使える概念がたくさんあります。純粋に頭の体操に使ったりすることも可能です。

なにしろ人生や社会について、過去の賢人たちが二千数百年もの間考え抜いてきた知の結晶ですから、何にでも対応できる強靭さを備えているはずです。これを単なる古の知恵として博物館にしまってしまうか、生きた普遍的な知恵として使いこなすかは、現代を生きる私たち次第なのです。

たしかに現代社会はテクノロジーの時代ですから、インターネットや科学のほうが役立つかのように思いがちです。でも、それらのベースにあるのは、人間の理性に基づく論理的思考にほかなりません。

たとえば、WiFiが使えなかったり、無人島に漂着したりしたらどうしますか？　そんなとき頼りになるのは自分の頭だけです。だから哲学はある意味で最強の学問だと思うのです。人生相談からサバイバルまで。ぜひそんな万能の知のツールを身に着けていただければと思います。

第2章

哲学の高まり（近世、近代）

13

フランスのモラリスト
パスカル
■考える葦■
考えることが人間の証しだ

人間はひとくきの葦《あし》にすぎない。自然のなかで最も弱いものである。だが、それは考える葦である。

『パンセ』

近代の一歩手前、近世の哲学は、「人間が考える」ということに着目し始めた点が特徴だといっていいでしょう。その象徴ともいえるのが、フランスの思想家、数学者、物理学者などで知られるブレーズ・パスカル（1623-62）の遺稿集『パンセ』です。

『パンセ』は、人間の思考と行動を分析することで、最終的にはキリスト教の真理性の証明を目的としています。ただ他方で、パスカルは随筆形式によって人間のあり方を分析し、道徳的改善を説いた「モラリスト」でもあります。その意味でこの本は、道徳的生き方を探求した書ということができるわけです。

この本の具体的な構成は、大きく三つに分けられます。一つ目は、人間の偉大さと悲惨さの矛盾について。二つ目は、その問題を解決しようとする哲学者の無力さについて。三つ目は、キリストの愛による悲惨さからの救いについてです。とりわけここでは、最初の人間の偉大さと悲惨さの矛盾の部分に着目したいと思います。この部分で最も有名なのが、人間は考える葦だという表現なのではないでしょうか。葦とはすぐ折れる、か弱い植物のことです。

人間は葦と同じように弱い存在だけれども、考えるという点において異なっているということです。考えるという行為は人間にしかできません。それが人間の証でもあります。裏を返すと、それだけ考え事や悩みが多いということなのでしょう。でも人間は、決して悩みを放置したり、そこから逃げ出したりせずに、それに立ち向かおうとするのです。

いわばこの点において植物より強いのです。私たちは自分の弱さやみじめさを嘆きがちですが、みじめに思える分だけ植物よりは偉大だというわけです。つまりパスカルは、理性によって思考する人間のすごさを称えているのです。

ところが、実は『パンセ』の冒頭で、パスカルは幾何学の精神と繊細の精神の両方が必要だという議論を展開しています。この場合、幾何学の精神というのが理性のことで、繊細の精神というのが感性のことだといっていいでしょう。ここで理性の限界を示し、わざわざ感性の重要性を最初に訴えているところが『パンセ』の鋭さだといえます。

もちろんこれは、理性と感性のどちらが上かという話ではなく、あくまでうまく両者の特性を生かさなければならないということです。パスカルのいう「考える」にはこの二つの要素が含まれていることを忘れてはいけません。そうでないとただの頭でっかちになってしまいがちですから……。

14

フランスの元祖エッセイスト

モンテーニュ

エセー

自分を見つめなおそう

知るとは何か？　知らないとは何か？

『随想録（エセー）』

フランスの思想家ミシェル・ド・モンテーニュ（1533-92）は、代表的なモラリストと称されます。これは道徳を意味するモラルに由来する語であることからわかるように、道徳について書く人たちのことを意味しています。つまり、人間のあり方を見つめ直し、提言を行う作家の総称です。

彼らの目的は、あくまで自らの体験に基づき、思うままに描写する点にあるのです。その中で道徳的な生き方を提言するわけです。したがって、形式としても、体系的な思想というよりは、エッセーや箴言といった形をとります。

モンテーニュの『エセー』には、そんなモラリストのお手本のような要素がたくさん含まれています。『エセー』とは、もともとは「試す」という意味の「エッセイエ」から来ています。つまり、判断力を試し、働かせた結果が、この本の内容だというわけです。冒頭でモンテーニュは、自らの人間観を明らかにしています。それは「人間というものは、驚くほど空虚な、多様な、変動する存在だ」というものです。

人間はそのような存在であるがゆえに、目標が必要だといいます。彼はこのことを、立ちふさがるもののない風にたとえます。つまり、揺り動かされた魂も、つかまりどころを与えてやらないと、自分の中で迷って前後もわからなくなってしまうというのです。だから魂には、いつも目標として向かっていく対象を与えてやらなくてはならないというわけです。

そして目標を持つためには、そもそも物事をよく知る必要があります。そこでモンテーニュは、「Que sais-je ?（ク・セ・ジュ?）」と問いかけます。「私は何を知っているのか?」という意味です。彼は、ものを知りたいという欲望以上に、人間の本性に根ざした欲望はないと断言します。そのために人は、あらゆる方法を試みるというのです。理性はもちろん、それが欠けるときは、経験を用いるといったように。

つまりモンテーニュは、基本的には知性の源泉として理性を重んじるのですが、それが欠ける場合には、経験で補うことができると主張するのです。彼が試そうとした判断力は、理性とともに経験にも裏打ちされた強靭な知性にほかなりません。千ページにも及ぶ『エセー』に込められているのは、そんな知性によって生み出された珠玉の言葉です。人生の目標を探すべての人にヒントを与えてくれるものと思います。

15

功利主義の生みの親

ベンサム

■功利主義■

社会全体にとっての幸福を考えよう

自然は人類を苦痛と快楽という、二人の主権者の支配のもとにおいてきた。われわれが何をしなければならないかということを指示し、またわれわれが何をするであろうかということを決定するのは、ただ苦痛と快楽だけである。

『道徳および立法の諸原理序説』

私たちは自分の幸福は考えますが、なかなか社会全体にとっての幸福を考えることがありません。そもそも社会にとってどのような状態が幸福なのか、想像だにできないのです。そこでヒントを与えてくれるのが、イギリスの思想家ジェレミー・ベンサム（1748-1832）です。

ベンサムは幸福な世の中をつくるために、効用を最大化するのがいいと考える「功利性の原理」を掲げました。この原理について述べたのが、冒頭の名言です。つまり、苦痛と快楽という二つの明確な基準が人の判断を決するということです。この場合快楽は善で、苦痛は悪なのです。そうして快楽の量的計算をして、快楽が苦痛を上回るようにすればいいというわけです。

ただ、ここで気づくのは、人間の苦痛とか快楽というのは、個人的なものにすぎないのではないかということです。ところが、ベンサムはこの原理を社会に適用することができるといいます。社会の幸福とは、一人ひとりの幸福を足し合わせたものだという理屈からです。

そこで掲げられたのが、有名な「最大多数の最大幸福」というスローガンでした。社会の利益を最大化するためには、少数者の幸福よりも、多数者の幸福を増大させるほうが望ましいということになります。また、同じ多数者の幸福でも、小さな幸福より大きな幸福を増大させるほうが望ましいというわけです。

ベンサムはこのような原理に基づき、数々の制度改革を提唱しました。有名なのは「パノプティコン」と呼ばれる刑務所のアイデアでしょう。これは中央に監視塔を備えた円形の刑務所で、中央から効率的に受刑者を監視することができるのです。そうやって受刑者を働かせて、利益を稼ぐことを提案しました。

あるいは、貧民を管理するための制度という提案もあります。彼は「乞食」を救貧院に閉じ込めれば、街の人たちの快楽が増加すると考えたのです。「乞食」にしてみれば苦痛かもしれませんが、ここで多数の街の人の快楽と少数の「乞食」の苦痛とを比較考量すれば、結果は明らかでしょう。

ひどいと思われるかもしれませんが、実際に私たちの社会も功利主義に基づいて設計されています。車社会一つとってもそうです。事故に遭う人がいても、そのせいで車社会をやめようということにはなりません。原発もそうなのでしょう。だからこそ、ベンサムの功利主義に違和感を感じた場合は、なおさら社会全体にとっての幸福をよく考えなければなりません。

16

近代哲学の父
デカルト
■方法的懐疑■
自分を信じるために疑おう

わたしは考える、ゆえにわたしは存在する。

『方法序説』

近代哲学の父と称されるフランス出身のルネ・デカルト（1596-1650）。なぜなら、このデカルトこそが、その後近代を彩る「意識」なるものを明確に哲学の中心に据えたからです。彼が意識の大切さを発見したのです。それをずばり表現するのが、「わたしは考える、ゆえにわたしは存在する」、いわゆる「我思う、ゆえに我あり」です。

ラテン語で「コギト・エルゴ・スム」と訳されることから、「デカルトのコギト」と表現されることもあります。当時論文はラテン語で書くのが普通だったのですが、デカルトはあえて俗語のフランス語で書きました。自分の論文を広く一般の人にも読んでもらいたかったからです。だからこの表現も、後からラテン語に訳されたのです。

彼は真理を発見するために、あらゆるものを疑っていきました。目の前の机は本当に存在しているか？　あそこにいる人は実は機械じゃないだろうか？　自分は今夢の中にいるんじゃないだろうか？　目に見えるものはもちろん、夢さえも疑ったのです。この徹底的に物事を疑う思考法を「方法的懐疑」といいます。

そうして徹底的に疑ったすえに残ったのは、疑うという行為をする自分の意識だけでした。つまり、たとえ夢かもしれないと疑ったとしても、自分の意識が今そのことを疑っているという事実だけは残るわけです。だから自分の意識だけは疑えないということになります。

デカルトは、この決して疑い得ない自分の意識こそが、唯一確かな存在だといいました。疑う前の自分は世界に埋もれた状態にあるわけですが、徹底的に疑うことで、自分の意識とそれ以外のものを区別することができるようになるのです。だから自分を信じるためにこそ、人はあらゆるものを徹底的に疑うべきなのです。

もっとも、自分の意識が万能であると考えるこのデカルトの思考は、思わぬ副産物を生んでしまいます。それが心身二元論と呼ばれるものです。意識を特権的な存在に祭り上げたがために、身体と意識を切り離さざるを得なくなってしまったのです。しかし、これはどう考えても問題があります。心と身体がつながっていることは、誰でも直感的にわかると思います。

デカルト自身、どうして心が身体に影響を与えるのかと問われ、うまく説明できずに苦労しました。その問いが後に彼に『情念論』を書かせるに至ります。

17

近代哲学の父
デカルト

■情念■

感情を飼いならそう

あらゆる情念の効用は、精神のなかに思考を強化し持続させることのみにある。
『情念論』

デカルトの『情念論』は、感情に関する史上初の本格的な哲学書といってもいいでしょう。その中で彼は、誰でもきちんと訓練さえすれば、感情をコントロールすることができると断言しています。デカルトは「我思う、ゆえに我あり」で有名ですが、まさに「我思う」その理性をもってコントロールすれば、いかなる感情も支配可能だと考えているわけです。

そのためには、具体的にどんな訓練をすればいいというのでしょうか。デカルトが提案するのはこんな方法です。つまり、普通はある行為や出来事が起こると、それに対応する感情が生じます。たとえば、悪口をいわれれば、怒りがこみ上げるというように。ところが彼は、その出来事と感情の結びつきを変えることができるというのです。悪口をいわれたとき、怒りに結びつけるのではなく、同情に結びつけるといったように。

そういう習慣を身につけておけばいいのです。悪口を聞いたら、もう機械的に同情するようにする。ああ、あの人はかわいそうな人だなと。たしかに、他人の悪口をいうような人は、何か人生にうまくいかないことがあって、それを悪口という形ではけ口にしているのでしょう。そして何より、こう考えることで、自分の怒りをコントロールすることができるのです。

これによって私たちの日常は、急にスムーズなものになるでしょう。感情が思考を邪魔することがなくなるからです。イライラしていては集中もできませんし、きちんとした思考力が働きません。そもそも感情は、思考を邪魔するために存在するのではありません。その逆で、思考を補助するためにあるはずなのです。

思考力と感情は二種類の異なる能力だといっていいと思います。その二つの異なる能力は、互いに相乗効果を発揮するために存在するのです。だからデカルトはこういうのです。「すべての感情は思考を強化して、保持するという利点があるのだ」と。

ただ、それが行きすぎると、思考が凝り固まったものになりがちです。感情もほどほどでないと、思考を強化しすぎることになるわけです。デカルトがすごいのは、そのことについても指摘している点です。情念がもたらし得る害のすべては、それらの思考を情念が必要以上に強化し保持することだと。『情念論』が近代感情論の源泉と称されるのもよくわかります。

18

汎神論の哲学者

スピノザ

■汎神論■

神様を感じよう

神のほかにはいかなる実体も存しえずまた考えられえない。

『エチカ』

西洋社会にとって、神の存在は世界の存在と同じであり、その存在証明は自分自身の存在証明ですらありました。だからこそ歴史上の哲学者たちもその難題に挑んだのです。なかでも最もユニークな証明の一つが、オランダ出身の哲学者バールーフ・デ・スピノザ（1632-77）によるものです。スピノザは、デカルトの流れを汲む大陸合理論（知識の起源を生まれ持った観念に求める立場）の哲学者の一人です。

彼はユダヤ教の出自でありながら、無神論者のレッテルを貼られ破門されてしまいます。そして隠れるように屋根裏部屋でレンズ磨きをして生計を立てながら、本を執筆していました。主著『エチカ』もその一つです。死後友人たちの手によって出版されたこの本で、スピノザは、「神について」の説明を試みていたのです。

ここでキーワードとなるのは、彼の思想の核心でもある「実体論」です。スピノザは神を実体として位置づけました。実体とは、存在するために自己以外の根拠を必要としないものです。そのような存在は唯一、神だけだというのです。

逆にいうと、それ以外の一切のものは、存在するために何か外部に根拠を求めざるを得ません。条件がいるということです。その条件の極致が神なのです。つまり、神以外のものはすべて、神なしには存在できないのです。言い換えると、神以外のものは神の一側面にすぎません。もちろん自然でさえもそうです。こんなふうに神を万物の根源と考える立場、もしくはすべてのものに神が宿っているとする考え方を「汎神論《はんしんろん》」といいます。

この考え方は意外と日本人にはなじみ深いものかもしれません。八百万神《やおよろずのかみ》というように、私たちもまた至るところに神様がいると思っているからです。森にも海にも。とはいえ、日常的にそんなふうに思って生活している人は少ないでしょう。

自然や物を大事にしないのは、そこに神様が宿っているなどとは考えないからだと思います。近所に貧乏神神社というのがあるのですが、そこはもともとゴミの不法投棄が多かった場所なのだそうです。そこで小さな鳥居を置いてみたら、途端に誰もゴミを捨てなくなったそうです。だからときには神を感じるのもいいことなのです。

19

世界の原理を考えた哲学者

ライプニッツ

■モナド■

世界が何でできているか考えてみよう

これからお話しするモナドとは、複合体をつくっている、単一な実体のことである。単一とは、部分がないという意味である。

『モナドロジー』

この世を構成する原理について改めて考えたのが、ドイツの哲学者、かつ数学者のゴットフリート・ヴィルヘルム・ライプニッツ（1646-1716）。彼もまたスピノザと同じくデカルトに始まる大陸合理論の流れを汲む哲学者です。したがってライプニッツは、この世を構成するのは原子のようなただの物理的要素だけでなく、心や神のような精神的な要素も含まれているに違いないと考えたわけです。そこで「モナド」という新たな要素を考え出しました。

モナドは日本語では単子とも呼ばれます。これはギリシア語の「ヘー・モナス」（単一者）に由来する語で、ライプニッツはこの概念を使って、宇宙の調和について論じようとしたのです。宇宙が統一された秩序の中にあるのは、神がモナドの間に調和が成り立つようにあらかじめ定めているからだというのです。もっとも、前提として、ライプニッツのいうモナドとは、想像上の概念であることを念頭に置いて聞いていただきたいと思います。世界を説明するためのアイデアです。そうすると理解しやすくなると思います。

モナドとは世界を構成する最小の単位です。それは広がりも形もない単純な実体で、不生不滅の存在だといいます。個々のモナドは、他のモナドからの影響を受けることもありません。一つひとつが閉ざされた世界のように独立して存在しているのです。ライプニッツが、モナドには窓がないというとき、この個々のモナド自身が力を発して互いに影響を受けたり与えたりしない性質を指しています。

また、各モナド間では差異があり、それらは相互に作用し合うことで宇宙を構成しているともいいます。いわばすべてのモナドで宇宙を構成すると同時に、一つのモナドが全体を映し出してもいるのです。それによって、無限に多くの変化や多様性が得られると同時に、モナド間の普遍的な秩序や関係も成立するのです。ライプニッツはこのことを、単純実体は宇宙を映す永遠の生きた鏡だと表現します。

こうしたライプニッツの世界観は、不思議と現在のネットワーク社会を想起させます。あらゆる点がつながっており、それが世界を構築している。そして各々の点はすべて異なるけれども、一つひとつが世界を映し出す存在でもある。彼の不思議なモナド論は、今こそ見直されるべき思想なのかもしれません。私たちは日ごろ世界をつくっている原理なんて考えることはありませんが、そういう発想をしてみるのもいいように思います。

20

社会契約の生みの親

ホッブズ

■万人の闘争■

ケンカをやめて秩序をつくろう

これが達成され、多数の人々が一個の人格に結合統一されたとき、それは《コモンウェルス》――ラテン語では《キヴィタス》と呼ばれる。かくてかの偉大なる《大怪物》（リヴァイアサン）が誕生する。

『リヴァイアサン』

国家がなくなるとどうなるか。紛争で無政府状態になってしまった国々を見ればわかるとおり、人々は互いの欲望をぶつけ合い、ときに殺し合いを始めてしまいます。それが人間の本質なのかもしれません。こうした理論について鋭く指摘しているのが、イギリスの思想家トマス・ホッブズ（1588-1679）の『リヴァイアサン』です。

ホッブズは、近代国家成立のための理論を提示しようと試みました。そのためには、国家を構成する人間の考察から始める必要があると考えたのです。そこで、人間はもはや中世のように身分階層の中に埋め込まれた存在ではなく、自由と平等を有する存在としてとらえ直されます。この自由と平等こそが、彼が「自然権」と呼ぶ人間の基本的な権利です。

さらにホッブズは、人間は快楽を求めて、苦痛を避け、自己の生命活動を維持することを発見しました。そのために自己の力を用います。では、生命維持のために力を用いる人間同士が、相互に関係し合うとどうなるか。彼はそれを「自然状態」と表現します。いわば、誰もが敵同士となって自己の欲求実現のために争う「万人の万人に対する闘争」状態をもたらすのです。

そんな恐怖の無秩序状態を避けるため、まず人はケンカをやめようとします。そして、自然権を抑制する知恵としての自然法を求めます。自然法とは、個々人が自然権を追求するためにこそ、みんなでルールを守りましょうという合意です。

しかし、自然法の拘束力は良心の域を越えるものではなく、平和の保障足りえません。そこで人は、外的権力の存在を求めるようになります。それが国家です。この外的権力としての国家を設定するための方法が、社会契約なのです。ここでの社会契約とは、第三者に権利を委ねる契約です。つまり、人はほかの人も同意するならば、自己防衛のために自分の権利を放棄するといいます。皆が同時に武器を放棄するのと同じです。

そうして自分たちすべての人格を担う一個人を任命し、その者に判断を委ねるに至るのです。これが実現され、皆が一つの人格に統一されたとき、コモンウェルスつまり国家になるというわけです。

コモンウェルスとしての国家は、平等な個々の人間によって、自らの生存の確保を目的とした「人工的人間」に見立てられます。タイトルのリヴァイアサンは旧約聖書の幻獣にちなんだものですが、まさに国家はそんなスーパーパワーを持った存在として位置づけられたのです。

21

古典的自由主義の祖

ミル

危害原理

人に迷惑をかけない限り自由だ

自由の名に値する唯一の自由は、他人の幸福を奪ったり、幸福を求める他人の努力を妨害したりしないかぎりにおいて、自分自身の幸福を自分なりの方法で追求する自由である。

『自由論』

イギリスの思想家ジョン・スチュアート・ミル（1806-73）は、古典的自由主義の祖としても知られています。一言でいうとそれは、他人の幸福を邪魔しない限り、私たちは自分の幸福をいくらでも追求できる自由があるというものです。

この思想を国家に当てはめたものが、政治哲学としての古典的自由主義です。ミルによると、社会全体の幸福を実現するには、国家による干渉はゼロというわけにはいきません。しかし、それが行き過ぎると自由が損なわれてしまうわけです。そこで彼は、国家による正当な干渉の一般的基準を提示したのです。それがいわゆる「危害原理」と呼ばれるものです。

まずミルは、自分の行動が自分以外の誰の利害にも関係しないかぎり、人は社会に対して責任を負わないといいます。そして次に、他者の利益を損なう行動をとったら、社会に対し責任を負い、制裁を受けるとします。これは簡単にいうと、人に迷惑をかけないかぎり、何をしても自由ということです。だから危害原理だし、逆からいうと自由原理ともいえるわけです。

ここからミルは、自由な生き方の選択が認められるべきだという議論を展開します。つまり、個人の自発性はそれ自体尊重に値するものであり、もっと個性や創造性を発展させよというのです。彼は人間を一本の樹木にたとえることで、機械とは違って自ら成長、発展していく存在であると論じています。

結局、ミルが理想とした社会は、誰もが自由を謳歌し、個性を発揮できるような社会、国家なのです。だから個性を押しつぶそうとする凡庸な習慣の専制を恐れました。それは自由の精神をダメにしてしまうと。

ときにミルの思想は、凡庸さを否定することから、エリート主義だとして非難されます。しかしそれは、決して天才の擁護をしようなどという話ではなく、あくまで個性や自由を活かすためだったのです。その大前提として、国家の干渉を最小限のものにすることが、危害原理として唱えられたというわけです。

この思想が古典的自由主義と呼ばれるのは、その後自由に関する議論が発展していく中で、逆に国家による干渉によって自由を実現すべきという考えが台頭してきたからです。その背景として、経済格差が引き起こす貧困のせいで、福祉の必要性が叫ばれるようになったことが挙げられます。ただ、ミルの唱えた自由論が今なお議論の基点にあることは間違いありません。

22

古典的自由主義の祖

ミル

■質的功利主義■

快楽の質を区別しよう

満足した豚であるより、不満足な人間であるほうがよく、満足した馬鹿であるより不満足なソクラテスであるほうがよい。

『功利主義論』

ミルは功利主義の理論家でもあります。彼は、幼少期からエリート教育を受けてきました。そんな中でベンサムとも知己を得て、その功利主義に影響されます。ただし彼は、ただ単に快楽の量が多ければいいとは考えませんでした。快楽の質を重視したのです。これは私たちの感覚にも合っているのではないでしょうか。

たとえば、ファストフードを食べても、高級料理を食べても、いずれも快楽を得ることはできます。でも、はたしてこの快楽はどちらも同じものだといっていいのかどうか。こうしてミルは、私たちの快楽には種類があるとして、質的功利主義を唱えたのです。

ベンサムの功利主義理論は、社会を徹底して科学的にデザインしていこうとする考えに基づいているのですが、それゆえに多くの批判も招きました。詩が与える快楽と子どものプッシュピン遊び（ピンを弾く遊び）で得られる快楽は同じだという言葉に象徴されるように、ベンサムはあらゆる快楽を平等に扱うことで、すべての人間の平等性を確保しようとしたのです。

ところが、裏を返すと、それは人間から個性を奪ってしまうことにほかなりません。かくしてベンサムの立場は、高貴な快楽も下賤な快楽も区別しない豚向きの学説などと揶揄されることになります。

そこでミルは、ベンサムの理論を批判的に継承したのです。つまり、功利主義の立場に与しつつも、肉体的快楽としての量的快楽を重視するベンサムとは異なり、むしろ精神的快楽としての質的快楽を重視したのです。「ある種の快楽は他の快楽よりもいっそう望ましく、いっそう価値があるという事実を認めても、功利の原理とは少しも衝突しない」というわけです。

この考えに基づくと、人間の個性に配慮しつつ、功利主義のメリットを活かすことができます。功利主義はもはや豚向きの学説ではなくなるわけです。その証拠にミルは、冒頭に掲げた名言のように、「満足した豚」であるよりも「不満足なソクラテス」であるほうがいいと主張したのです。

ただ、快楽の質を重視し、人間の個性に配慮することと、功利主義の科学的思考が本当に相容れるのかどうか。そこには功利主義が忌避したはずの道徳観が不可避的に入り込んでくるのではないかという指摘もなされています。もはや計算が重要なのではなく、何が善なのか考慮し始めているのではないかということです。そうした理論的な問題はあるものの、快楽の質を区別するミルの鋭い洞察は、「満足な豚」というう印象的なフレーズとともに、頻繁に参照され続けているといっていいでしょう。

23

イギリス経験論の祖

ベーコン

■イドラ■

思い込みを取り除こう

> 人間的精神の「イドラ」と神的精神のイデア（観念）との間、すなわち空虚な臆念と、見出されるがままに、被造物に付せられた真なる刻印およびしるしとの間には、或る少なからぬ距りがある。
>
> 『ノヴム・オルガヌム（新機関）』

アリストテレスの論理学「オルガノン」を批判し、あえて新しいオルガノンを意味する『ノヴム・オルガヌム（新機関）』というタイトルの本を著したイギリスの思想家フランシス・ベーコン（1561-1626）。彼は観察と実験を重んじるその経験主義的な思想から、後にイギリス経験論の祖と称されることになります。

そのベーコンの経験主義的思想の大前提となっているのが、イドラ説です。イドラは偶像とも訳されますが、要は偏見や先入観のことです。つまり思い込みです。ベーコンもイドラとイデア（観念）の間にはかなりの距離があるといっているように、真理を把握するためには、予め思い込みを取り除く必要があるのです。そこで彼は、イドラを四つに分類して分析しています。順に見ていきましょう。

一つ目は「種族のイドラ」です。これは人間という種族に固有のイドラで、感情や感覚によって知性が惑わされることによって生じます。人間は自分が主張する立場に固執し、その点からしか物事を判断できないのです。

二つ目は「洞窟のイドラ」です。これはあたかも狭い洞窟に考えが入り込んでしまったかのように、個人の狭い事情によって生じる思い込みです。その人の受けた教育、影響を与えた人物、読んだ本などが原因で、狭い考えに入り込んでしまうわけです。

三つ目は「市場のイドラ」です。これは言語によって生じる思い込みです。あたかも市場で聞いたうわさ話を信じてしまうがごとく、人は言葉の持つ力に弱いものです。今なら市場というよりは、インターネット上に氾濫する言説がその原因になるかもしれません。

四つ目は「劇場のイドラ」です。これは権威や伝統への盲従から生じる思い込みです。たとえば、あたかも劇場で観たものに強い影響を受けるように、すでに完成した一塊のストーリーを目の前に提示されると、人は容易に信じてしまうものです。映画を観て主人公になりきるあの感覚です。

以上のような四つのイドラを意識して、日常において少し自分の思考態度を疑ってみるだけで、物事の正しい姿が見えてくるはずです。ベーコンの思想は「知は力なり」というスローガンで表現されます。これは自然の仕組みを理解することで、人間は強くなれるということです。そのためにはまず思い込みを退ける必要があります。正しい目標に、正しい方法が備わって、ようやく学問は力となるのです。

24

イギリス経験論の祖

ベーコン

■帰納法■

個別の事例から真理を見出そう

この帰納法において、自然を完璧にし、ほめそやすことが技術の義務であるのに、かれらはそれとは反対に、自然をきずつけ、はずかしめ、そしったのであるから、かれらの誤りは、なおさらひどいのである。

『学問の進歩』

ベーコンは「近代学問の父」とも称されるのですが、それ以前の学問の方法論を否定し、覆そうとした人物でもあります。つまり、古代ギリシアの哲学者たちが礎を築いたその学問の方法論は、彼にいわせると欠点だらけで無力だったのです。冒頭の名言でベーコンが批判している「かれら」とは、まさにそうした古代ギリシアの哲学者たちを指しているといっていいでしょう。

そこでベーコンが唱えたのが帰納法です。帰納法とは、観察と実験を通じて、個別の事例をまとめることで見えてくる事柄を、一般的・普遍的な法則へと導く方法を指します。個別の経験を重視するという点で、経験論から帰結する思考法です。たとえば、昆虫やうさぎなど異なる生物をいくつか観察してみると、いずれも細胞からできていることが判明します。そこで、生物というものは一般的に細胞からできているという一般法則を導き出すことができます。これが帰納法的な思考です。

これと正反対の思考法が演繹法と呼ばれるものです。演繹とは一般的な前提から始めて、論理法則に基づいて個別の事実を導いていく方法を指します。たとえば、三角形の内角の和は１８０度と決まっています。一方、n角形の一つの頂点から対角線を引いた際できる三角形の数は n-2 です。四角形ならば 4-2=2 で、二つの三角形ができます。

そうした前提から始めると、n角形の内角の和は 180°×（n-2）となります。したがって五角形なら５４０度、六角形なら７２０度ということができるわけです。こちらは個別の経験的な事実を抜きに、いきなり一般的な法則を前提とする合理論から帰結する思考法であるといえます。

帰納法も演繹法もどちらも重要な思考法といえますが、私たちの日常においては、やはり個別の事例について実験や観察を繰り返すことで、一般法則を導いていくほうが親しみがあるのではないでしょうか。科学の分野にとどまらず、あらゆる分野でそうした思考をしているはずです。そうして試行錯誤を繰り返しながら、真理に近づいているのです。

『学問の進歩』の最後にベーコンはこう記しています。自分が一般とは異なることを論じているとすれば、それは「改善し完成するつもりでしたのであって、変更し異説をたてるつもりでしたのではなかった」と。ベーコンが近代学問の父と称されるゆえんです。

25

イギリス経験論の完成者

ロック

■タブラ・ラサ■

どんどん心に書き込もう

心は、言ってみれば文字をまったく欠いた白紙で、観念はすこしもないと想定しよう。

『人間知性論』

ジョン・ロック（1632-1704）はイギリスの哲学者で、イギリス経験論を完成した人物であるといわれています。人間が経験によって観念を形成していることを明らかにしたからです。私たちは色々な物事を知っています。言い換えるとそれは、心の中に色々な観念があるということです。では、その観念はいったいどうしてできあがったのでしょうか？ 生まれつき持っていたのでしょうか？ それともどこかで手に入れたのでしょうか？ ロックの論じた「タブラ・ラサ」の概念は、そうした問いに答えてくれるものです。

ロックはまず、大陸合理論と呼ばれる一大潮流を叩きます。デカルトらの唱えていた生得観念論を否定したのです。生得観念論とは、人間には生まれながらに観念が備わっているとする説です。観念とは思考の対象としての心象、つまり何かを考えたときに人が心に抱くものです。当時のヨーロッパでは、人間の知性は神によって与えられたと考えていたことから、生得観念論は一般に広く受け入れられていました。

ロックはその一般的な考え方に異を唱えたのです。それは必然的に、生まれたばかりの人間は白紙の心を持っているという主張をもたらすことになりました。ロックはそんな白紙の心を「タブラ・ラサ」と呼んだわけです。赤ちゃんの純粋な心を思い浮かべると、たしかに白紙の心というのは当たっているような気がします。

タブラ・ラサとは、ラテン語で何も書かれていない板という意味なのですが、白紙の心といっていいでしょう。ロック自身、白紙という表現を用いています。つまり、私たちが経験によって得た知識が、白紙の心に次々と書き込まれていくというわけです。

白紙の心に書き込んでいくというのは、イメージが湧きやすいと思います。何かを見聞きしたら、それを理解して自分のものにします。あたかも自分だけのオリジナルのアイデア帳が埋まっていくかのように、次々とアイデアが心の中に蓄積されていくわけです。

こうして観念は、外界の事物が私たちの感官を刺激し、白紙の心に印象が与えられることによって生じるというのです。具体的には、感覚と反省という二種類のプロセスが観念を生み出し、人間の認識行為を可能にしています。これが経験にほかなりません。だから心を豊かにするには、経験が大事だというのがよくわかると思います。そうでないと心は白紙のままということになりますから。さぁ、どんどん心に書き込みましょう！

26

イギリス経験論の完成者

ロック

自然権

自然権にまでさかのぼって権利を守ろう

人々が国家として結合し、政府のもとに服する大きなまた主たる目的は、その所有の維持にある。

『市民政府論』

私たちはよく自分の権利が守られているといいますが、そもそもなぜ権利は守られているのでしょうか？　ロックはそのことについても考えています。彼は、人々の間の契約に基づいて社会をつくるべきだとする社会契約説を唱えて、権利について論じた政治思想家でもあるのです。その際ロックが重視したのが、自然権です。自然権とは何か、まずその意味から明らかにしていきましょう。実は自然権そのものは、人間が本来持つ権利として古代ギリシアの時代から存在しました。しかし、その意味は時代とともに変わってきています。とりわけ、近代以降、社会の基礎との関係で論じられる自然権は独特の意義を有しています。

ロックは、個人が自分の身体を所有しているところから議論を始めました。そして身体を所有しているということは、生命や自由を所有しているということであり、その身体を使って生み出した生産物も所有することが可能だと結論づけます。その所有物に対する権利を所有権と呼ぶのです。所有権とはつまり、自分が所有する対象物を排他的に使用したり、占有したりすることができることを意味します。これがロックのいう自然権の意味です。

したがって自然権は、元をたどると他人の身体と同じような意味を持つわけですから、当然侵害してはいけないということになります。それを法という形で担保するのが自然法にほかなりません。その意味で、自然法に保護された自然権というのが、ロックにとっては自由や権利の根拠になってくるわけです。自然権はそれほど大事な権利だったので、ロックはその保障を万全のものにしようと考えました。

社会が政府を持たない自然状態にある以上は、自然権は常に危険にさらされます。そこで彼は、社会契約による権利保護の仕組みを提案したのです。その当然の帰結として、ロックの社会契約説は、自然権を最上位のものとして位置付けています。ロックが自然権を侵害するような政府の行為に対して、抵抗権を認めるのはそのためです。これは同じ社会契約説でも、権利を王に譲渡してしまうホッブズの説にはなかった部分です。

現代の日本国憲法において抵抗権が認められるかどうかは、明文規定がないため議論があります。ただ、自然権を守るためには、必要不可欠であるように思います。権力が間違いを犯さないという保障などどこにもないのですから。本当に権利を守るためには、自然権にまでさかのぼって議論しなければならないのです。

27

知覚と存在を結び付けた哲学者

バークリ

■知覚の一元論■

知覚イコール存在であると考えてみよう

> 存在するとは知覚されることである。
>
> 『人知原理論』

アイルランド出身の哲学者ジョージ・バークリ（1685-1753）も、イギリス経験論の思想家の一人です。ちなみにカリフォルニア州のバークレーという街やそこに所在する名門大学UCバークレーは、彼の名にちなんだものです。

バークリは、知覚するということと存在との関係を論じています。そもそも知覚するというのは、いったいどういうことでしょうか？　一般には、物事を見たり感じたりすることだと思います。ところが、バークリにいわせるともっと深い意味があるのです。それは、知覚自体が物事の存在を保証しているということです。わかりやすくいうと、知覚のおかげで物事が存在しているというわけです。

同じイギリス経験論のロックは、形や長さ、重さといった第一性質と、においや色、味といった第二性質を区別しました。両者は性質が異なると考えたからです。ところが、バークリはそんなロックの思想を真っ向から否定したのです。

　バークリは「存在するとは知覚されることである」と唱えて、知覚の一元論を掲げました。ラテン語訳「エッセ・エスト・ペルキピ」でも知られる著名なフレーズです。たとえば、物事の奥行きは、視覚で測ればいいように思われがちですが、実は触覚によってはじめて測られるといいます。要は、自分と対象との距離というものは、実際には歩いてたしかめてみないとわからないということです。目の前に机があるのかどうかも、触れてはじめてわかるということです。だから存在イコール知覚になるのです。

　このバークリの考えによると、自分が実際に知覚していないときは、物が存在していない可能性が出てきます。「だるまさんが転んだ」をしているとき、振り向く前は実は誰も存在していないかもしれないわけです。もっとも、バークリ自身は、こうした疑問に対して神を用いて答えます。つまり、神が万物を知覚しているから、誰かが見ていなくてもちゃんと物事は存在しているのだと。ここは彼が神学者であることを考慮する必要があります。

　さて、バークリの知覚の一元論は、一見非現実的にも聞こえますが、それだけ対象の存在は私たち一人ひとりの経験に深く結びついているといいたかったのでしょう。現に、物事は私にとってどうかということが重要なわけです。だから物事の意味合いは人によって変わってきます。その意味で、まったくばかげた考え方とはいえないように思うのです。皆さんも一度、知覚イコール存在と考えてみてはどうでしょうか。

28

懐疑主義の哲学者

ヒューム

■知覚の束■

自分の存在を一度疑ってみよう

人間とは、思いもつかぬ速さでつぎつぎと継起し、たえず変化し、動き続けるさまざまな知覚の束あるいは集合にほかならぬ…

『人性論』

デイヴィッド・ヒューム（1711-76）はスコットランド出身の哲学者で、彼もまたイギリス経験論の流れに与しています。懐疑主義者と称されることもあるヒュームは、人間の知覚をテーマにします。

まず彼は、人間が知覚した対象を「印象」と「観念」の二つに分けました。印象が力強い知覚であるのに対して、観念は思考や推理の際に現れる印象の薄い映像のようなものだといいます。

たしかに印象というのは、ハッとするものですよね。その後、落ち着いて観念つまり物事の意味を考えます。また、印象とはその都度感覚に与えられるもので、観念は記憶や想像において反復されるものだともいっています。観念のほうが繰り返し頭に残るということです。

ところで、個々の観念は結合することがあるといいます。色んな考えがつながるということです。

つまり、観念の結合というのは、実は人間の「想像する」という行為にほかなりません。そうやって物事を想像するときに大事になってくるのが、因果です。原因と結果を結びつける関係のことです。

この場合、人は似たようなケースを経験すると、ある知覚と別の知覚を想像の中で結びつけるのです。この心の決定が、因果なのです。私たちはよく因果関係は客観的なものだと思いがちですが、どうやらそうでもないというのがここからわかります。

こうしてヒュームは、物質についても疑いの眼差しを向けるようになります。つまり、物質の観念は印象からくるものなのですが、印象が与えているのは、実際には物質の性質にすぎず、物質そのものではありません。いわば物質とは、色んな性質が集まったものにすぎないのです。にもかかわらず、人間の想像力は、その性質の背後に何か実体としての物質があるかのように思ってしまうものなのです。

これは物質だけでなく、自我のような精神的実体についても当てはまります。本当は生まれてから死ぬまで、同一の自分などというものが存在するわけではないということです。信じられないかもしれませんが、自分の存在とは、様々な知覚が現れては消えるものにすぎないのです。したがってヒュームは、自我とは習慣による想像力の産物にすぎず、その意味で「知覚の束」であると表現しています。

皆さんも一度、自分の実体が知覚の束にすぎないかもと疑ってみてはどうでしょうか？　世界観が変わるかもしれませんよ。

29

経済学の父
アダム・スミス

■見えざる手■

利己的行為が必ずしも悪くないことを知ろう

> 生産物の価値がもっとも高くなるように労働を振り向けるのは、自分の利益を増やすことを意図しているからにすぎない。だがそれによって、その他の多くの場合と同じように、見えざる手に導かれて、自分がまったく意図していなかった目的を達成する動きを促進することになる。
>
> 『国富論』

スコットランド出身の思想家アダム・スミス（1723-90）は、一般には『国富論』を著した経済学の父としてその名を知られています。とりわけ「神の見えざる手」という表現が有名ですが、本当はスミスは「見えざる手（invisible hand）」と表現しただけです。ところが、一般には「神の」とつけて用いられるのです。これは、国家が目に見える形で経済に介入するわけではなく、何か目に見えない力によって操られ、秩序を形成していくという意味です。

その目に見えない力の根拠については諸説あるものの、神学者でもあるスミスの基本思想からすると、やはり神によるものだということになるのでしょう。しかしあくまでそれは比喩であって、実際には後で見るように、一人ひとりの人間の力が働いているわけです。しかも、代名詞にもなっている この言葉を彼が使ったのは、『国富論』の中でもたった一度、もう一冊の著書『道徳感情論』の中でもやはり一度だけです。

ちなみに『道徳感情論』では、土壌の生産物について論じる中で「見えざる手」の話をしています。つまり、裕福な人びとは利己性によって多くの生産物を得るものの、それを貧乏な人びとにも分け与える。そうすることで、自然と世の中全体の繁栄に役立っているのだと。

分け与えるといっても、別に裕福な人は世の中をよくしようと思っているわけではなくて、あくまで利己心から余分な富を得、それを使って消費をしたり、貧乏な人を雇ったりしているだけのことです。その結果が、社会の繁栄につながっているというだけの話なのです。あたかも神様が「見えざる手」によって繁栄を導いているかのように。

そう考えると、必ずしも利己心が悪いわけではなくなります。むしろ利己心が結果的に繁栄につながっているなら、望ましいものですらあるといえるのではないでしょうか。日ごろ私たちが悪と決めつけている利己心、野心、虚栄、人間の弱さ……。そういったものすべてが、もしかしたら世の中を繁栄させる契機になっているかもしれないのです。

そして『国富論』においては、冒頭の名言のように、より明確に個人の利益追求が意図することなく社会の利益の促進につながっていることが主張されています。どうやら私たちは、利己的行為を行う人間の本質を少し違った視点で見直す必要がありそうです。自己利益の追求によって私腹を肥やすだけでなく、その結果が社会の繁栄につながっているわけですから。

30

経済学の父

アダム・スミス

同感

人がどう思うか考えて行動しよう

同感は、その情念を考慮してよりも、それをかきたてる境遇を考慮しておこるのである。ときどきわれわれは、他人にたいして、かれ自身がもつことはまったく不可能だと思われる情念を感じる。

『道徳感情論』

アダム・スミスには経済学者としてだけでなく、哲学者としての顔もあります。それは、経済学の主著『国富論』のほかに、哲学の主著といってもいい『道徳感情論』の二冊の業績があることからも裏付けられます。『道徳感情論』で示されているスミスの哲学は、快適に暮らすための方法であり、倫理学の理論、社交性の理論です。市場経済によって引き起こされる様々な問題に打ち勝ち、快適に暮らしていくために、スミス自身がその処方箋を論じていたわけです。

たしかに、神の「見えざる手」によって、市場における個人の利益追求が、結果として適切に配分され、神の手に導かれるがごとく自然に経済が成長していくというのは大事なことです。言い換えると、利己心が手放しで社会の繁栄につながっているなら、それは望ましいものだといえるでしょう。ところが、もし社会の繁栄そのものに何か問題があるとするなら話は別なのです。

では、何が私たちの利己心に歯止めをかけるのか。それは人間が持つ道徳感情だというのがスミスの考えです。スミスは具体的にその能力のことを、「同感（sympathy）」と呼んでいます。同感とは自分の気持ちと他者の気持ちが重なり合うシンクロ状態だと思ってもらえばいいでしょう。私たちは常にその状態を求めているのです。

スミスはその気持ちを「相互的同感の快楽」と表現しています。同感は快楽なのです。だから私たちは、互いに同感を求めて発言し、行動するようになるわけです。つまり、他人からよく思われるように行動するようになるということです。これは皆さんにも心当たりがあるのではないでしょうか。

もっとも、人の感情というのはそれぞれ異なるので、自分がいいと思っても他者がどう感じるかは別です。この点スミスは、二人の異なる感情も社会の調和に十分なだけの相互の対応を持つことができるといいます。それらはけっして同音（ユニゾン）ではないけれども、協和音（コンコード）ではあり得るというのです。

同音ではない協和音さえ生み出すことができれば、同感によって社会の秩序を保つことができるのです。そのためには、誰もが客観的に事態を観察できなければなりません。つまり、あたかも裁判官のような、利害関心のない心の中の「公平な観察者」によって、自分や他人の行為を判断する必要があるのです。そうしてはじめて、様々な立場の人の気持ちを理解することができるはずだからです。

いずれにしても、常に人がどう思うか考えて行動するように心がけましょう。

31

フランス革命の精神的支柱

ルソー

■一般意志■

集団の最大公約数的な意志を見出そう

一般意志は、つねに正しく、つねに公けの利益を目ざす…

『社会契約論』

フランスの思想家ジャン＝ジャック・ルソー（1712-78）が著した『社会契約論』は、フランス革命に大きな影響を与えた哲学書です。なぜならこの本が提起したのは、神から統治の権利を与えられたという王権神授説に対抗し、人民が自分で自分を統治するための理論だったからです。まずルソーは、現行の社会秩序の不合理さを糾弾することから議論を始めます。つまり、本来人間は自由なはずなのに、社会生活を営むうえで不自由を強いられているというわけです。

そこでルソーが考えたのは、国家において全員が全員に対して自由を譲渡すれば、実は自由の譲渡先は自分自身になるという理屈です。この場合失われるのは、欲望のままにふるまう「自然的自由」だけであって、逆に真の自由である「市民的自由」を新たに獲得することができるというのです。市民的自由とは、義務や理性に従って、自分で自分を律することのできる自由です。共同体では、わがままに振る舞う自然的自由ではなく、自分を律する市民的自由のほうこそを重視しないと、人間関係がうまくいかないのは容易にわかると思います。

では、いったいどのようにして、バラバラの個性を持った社会の成員全員で国をまとめていくというのでしょうか？　ルソーは、全員に共通する「一般意志」なるものが存在するといいます。それは、個々人の個別の意志を単純に足し合わせた「全体意志」とはまったく異なるものです。それだと多数意見を反映するだけになってしまいます。そうではなくて、あくまで全員に共通する最大公約数的な意志を指しているのです。

そのみんなに共通する一般意志を見出すには議論が必要ですから、必然的に直接民主制が求められます。一般意志に基づいて、みんなで政治をしようというわけです。このとき人民は、主権者として立法権を持ち、一般意志を法という形で表明します。人数が多くなると、みんなの一般意志を見出すのも難しくなりそうですが、そこは現代のテクノロジーであれば解決できるかもしれません。インターネットを使って。

このように、理論的には全国民に共通する意志を抽出することは可能だと思います。そしてその意志は、国家運営の基本方針として反映されることになるのでしょう。あるいは、国家に限らず、人の集まるところならどこでもこの一般意志の発想を適用することが可能です。集団に共通する最大公約数的な意志があることを常に意識していれば、集団をまとめるのも楽になるのではないでしょうか。

32

フランス革命の精神的支柱

ルソー

■文明社会■

なぜ社会に不平等が発生したか考えてみよう

社会の基礎を検討した哲学者たちは、みな自然状態にまで遡る必要を感じた。しかしだれひとりとしてそこへ到達した者はなかった。

『人間不平等起原論』

ルソーは「自然に帰れ」のスローガンで知られます。裏返すとこれは文明批判でもあります。なぜ彼は文明を批判したのか、それは文明こそが不平等を生み出したと考えたからです。ルソーは『人間不平等起原論』の最初のほうで、いつ自然が法に服従させられたかということと、いったいどういう経緯で弱者が強者に支配を委ねるようになったのかを明らかにすると宣言します。

とりもなおさず、この問題意識こそが、不平等の起源を問うということにつながってくるのです。たしかに社会は、自然状態から文明社会へと変化していきました。そして、自然状態においては、人間は好きなように自然を利用し、いわば自然的自由が保障されていました。ところが、文明社会に移行すると、土地は私有制となり、その所有をめぐって争いが始まります。ときには戦争さえ起こすでしょう。

その結果、争いに勝って土地を得た者は富み、彼らは自分の所有権を維持するために、法律などの社会制度をつくって貧富の差を固定化します。かくして富める者はますます富み、貧しき者はますます貧しくなっていくわけです。現代の格差社会はその延長線上にあるといっても過言ではないでしょう。しかもこの関係は相続によって世代を超えて続いていきます。ルソーはその点も指摘しています。残念ながら、一度生じた不平等は永遠に続くのです。

つまり、文明社会こそが不平等を生み出してしまったということです。だからルソーにとっては、文明社会は不合理と虚偽に満ちた状態となるのです。自然状態から文明状態への移行は、まさに人間の堕落の歴史として描かれるわけです。

彼が社会契約説を唱えることになった背景には、すでに存在するこうした文明社会への不満がありました。自由に生まれたはずの人間が、なぜ不自由になるのかという問いかけで始まる『社会契約論』は、こうして平等な社会の実現を目指すためのバイブルとして人々に受け入れられます。

たしかに文明社会以前の原始的な状態のほうが、不平等は少なかったのかもしれません。文明が発達するにしたがって、私たちは逆に自分の首を絞めている。それはそのとおりです。でも、だからといって自然状態に戻るわけにはいかない。だからルソーも新たな平等社会をつくる方法を提案したのだと思います。

33

フランスの啓蒙思想家

モンテスキュー

■三権分立論■

自由のために権力を分散させよう

公民における政治的自由とは、各人が自己の安全についてもつ確信から生ずる精神の静穏である。そして、この自由を得るためには、公民が他の公民を恐れることのありえないような政体にしなければならない。

『法の精神』

フランスの思想家シャルル＝ルイ・ド・モンテスキュー（1689-1755）は、『法の精神』の著者として知られる啓蒙思想家です。彼が暴いたのは、権力を集中させることの問題点です。冒頭の名言にもあるように、そうでないと自由が脅かされる恐れがあるからです。日本国憲法によると国会が国権の最高機関とはされていますが、それでもやはり国会、内閣、裁判所の三つの権力を分散させているわけです。いわゆる三権分立です。実はこれこそモンテスキューが唱えたものなのです。

モンテスキューは、『法の精神』において、共和政、君主政、専制政という三つの政体区分論を展開しました。ここで彼が目指したのは、もちろん専制政を防止することでした。もっとも、だからといって共和政を推進しようとしたわけではありません。一番の問題は、人民が自由を権利と同じものと考え、権力を制限する意識を欠いていたことです。

政治的自由はあくまで法の支配が貫徹されることによって可能となるのであって、いくら徳が大事だといっても、そこには法による制限が必要だと主張するのです。そうでないと、法が禁じることすらも行うことができる危険性があるからです。

モンテスキューは、アリストテレスの政治学を高く評価していましたが、そのアリストテレスの説く「中庸」の精神が、立法に当たってても求められると考えたのです。だから政治における善も、極端なものにならないよう細心の注意を払ったのです。

その点でモンテスキューが理想としたのは、かつて滞在したことのあるイギリスの国家構造でした。彼は、君主の執行権と上院下院からなる議会の立法権との均衡、司法権の担い手としての陪審制について論じたうえで、三者の均衡と抑制を図ろうとします。この立法、行政、司法の三権分立のもとにおける立憲君主制（君主の権力が憲法による規制を受けている君主政）こそが、最後に導き出された結論でした。いわばこの三権分立論は、自由主義の実現のために、それをベースとして成り立っているということができます。

彼が考案した君主と国民の権力を制限することに主眼を置いた政治制度論は、アメリカをはじめ、その後の近代国家形成に大きな影響を与えています。欧米の政治の仕組みを取り入れた日本の三権分立も、そうした流れの中に位置づけることができるでしょう。

34

ドイツ観念論の源流

カント

■物自体■

人間の理性の限界を知ろう

対象自体がどのようなものであるにせよ、対象の現象をいかに明晰に認識したところで、対象自体は決して我々には知られないであろう。

『純粋理性批判』

ドイツの哲学者イマヌエル・カント（1724-1804）は、ドイツ観念論の源流に位置しています。彼は、人間が何かを認識するということに関して、画期的な考え方を提起した人物です。なんと、私たちが物を認識しているのではなく、逆に物が私たちに合わせて存在しているというのです！　これは地動説を唱えたコペルニクスになぞらえ、コペルニクス的転回と呼ばれています。

でも、考えてみれば、たしかに私たちがバラを赤いと認識するのは、バラが赤いからではなく、私たちにはそうとしか見えないからです。このように、人は何をどのように認識しているかについて考える哲学の分野のことを認識論といいます。カントは私たちが物を認識するためのメカニズムを明らかにしたわけです。

まずカントによると、私たちは「感性」によって対象をとらえるといいます。つまり人はまず感じるのです。次に、その対象がいったい何なのか、「悟性」というものによって考え、思惟します。対象を理解しようとするのです。こうして悟性によってはじめて、対象が何なのかわかるわけです。

この感性と悟性の両方の段階において、カントは各々空間と時間、そしてカテゴリーと呼ばれる分類表によって、物事が判断されているといいます。そうした形式を通さないと、私たち人間は物事を認識できないのです。

その意味で、私たちが認識できるのは、経験可能な世界に限られます。つまり、時間的空間的に説明できる物質や物事に限定されるということです。そんな世界を彼は現象界と呼びます。これに対して、宇宙の全体のように経験不可能なものは、「物自体《ものじたい》」といって、認識することができないといいます。

バラの花についても、花そのものは認識できても、あくまでそれは人間に見えたり、知られたりする範囲に限られます。それ以外の部分、つまりバラの物自体は認識できないということです。バラの見えたり知ったりできること以外が何を指すのか、それは誰にもわからないのです。

カントの認識論は、こうした物自体の存在を明らかにしたところに意義があります。いわば、何を知ることができるかという点において、人間の理性の限界を示したわけです。

35

ドイツ観念論の源流

カント

善意志

善い意志を持つよう心がけよう

我々の住む世界においてはもとより、およそこの世界のそとでも、無制限に善と見なされ得るものは、善意志のほかにはまったく考えることができない。

『道徳形而上学原論』

カントは義務論、あるいはカント倫理学と呼ばれる厳しい道徳法則を論じています。常に正しい判断をしなさいというのです。でも、その正しさの判断は何に基づいているのでしょうか?

カントはまず人格の自律を説きます。正しく判断し、正しく生きるには、そうした人格の自律が不可欠と考えたからです。では、正しい行いとはどういうものなのでしょうか。これについてカントは、「~すべし」というように、正しい行いに関しては無条件の義務を求めます。これは「定言命法」といって、「もし…ならば~せよ」というように、条件によって行動が左右される「仮言命法」とは正反対の態度といえます。

定言命法は、わかりやすくいうと「あなたの意志の基準が、常に皆の納得する法則に合うように行為しなさい」という形で公式化されています。私たちの行為の基準は、誰が採用しても不都合や矛盾の生じない、常に当てはまる原則に基づいたものでなければならないという意味です。

というのも、道徳は条件次第で変わるものであってはいけないからです。たとえば、お金を積めば道徳の基準が変わるというのはおかしな話です。嘘はつかないとか、困っている人がいれば助けるといった道徳的行為は、常に求められるべきものなのです。

これがカントのいう正しさであり、それは実践理性と呼ばれます。そんな実践理性の命令によって、私たちは正しい行いをすることになるのです。そしてその命令に従えるのは、私たちに人格の自律が備わっているからなのです。つまり、人格が誰にも支配されていないということです。では、人格の自律の基礎には何があるのでしょうか？

ここでカントは、善意志という概念を掲げます。善意志とは、道徳的義務に自覚的で、それを尊敬するがゆえに自主的に従おうとする意志だといいます。それは行為の中身に左右されることのない、それ自体において善なるものなのです。

カントは、そんな善意志を基礎とした人格の自律があるゆえに、私たちは自由を得られるといいます。なぜなら、自分で自分を律することができることこそ、自由の真の意味にほかならないからです。

36

ドイツ観念論の橋渡し役

フィヒテ

・事行・

行いに責任を持とう

能動的なものと能動性によって生みだされるもの、「活動」［行］（Handlung）と「事」（Tat）とが唯一同一である。したがって、「自我はある」は、「事行」（Tathandlung）の表現である。

『全知識学の基礎』

ヨハン・ゴットリープ・フィヒテ（1762-1814）はドイツ観念論の哲学者で、哲学史的にはカントからヘーゲルをつなぐ重要な位置にあります。それはカントがフィヒテを見出し、フィヒテの後任としてヘーゲルがベルリン大学に赴任したという時間的事実としてだけでなく、思想内容の発展という意味でもいえることです。そんなドイツ観念論の橋渡し役ともいうべきフィヒテの哲学を象徴するのが「事行《じこう》」というキーワードです。

私たちはこの世に存在していますが、何もせずただ存在するわけではなく、刻一刻何か行為をしています。この私たちの存在と行為との関係はどうなっているのか。フィヒテの事行の概念は、まさにこのことを問題にしたものです。フィヒテは、人間のすべての認識と行為を体系化しようと目論みました。そうして知識学という体系を構築したのです。事行はその体系における中心概念だといっていいでしょう。

フィヒテによると、事行とは次のようなものだといいます。「いかなる客体も前提せず、客体そのものを生み出すような活動、すなわち、行為がそのまま所業となるような活動」なのだと。つまり、自我による活動とその結果としての客体の出現が同時である事態を、事行と呼ぶわけです。

通常私たちは、自我が先にあって、それに基づいて活動を行い、その結果何かの客体が生じると思っています。でも、フィヒテにいわせると、あらかじめ自我があるわけではないのです。

フィヒテは「私」という概念の特殊性から事行の着想を得たようです。つまり、「私」という概念は、ほかの物事と違って指し示すことができないというのです。「私」を指示した瞬間、「私」はもう「私」ではなくなり、客体としての「それ」になるということです。いわば「私」を指す行為によって、私は「それ」として出現することになるのです。だから私が存在するというのは、事行だということになるのです。

その意味では、事行は主観と客観が一体となった、経験以前の一種の根源的な概念であるということができます。あたかもこれは自己原因としての神の発想に似ていますが、神とは違ってあくまで人間の意識の問題としてとらえた点に特徴があります。

このようにフィヒテの事行の概念を前提にすると、行いによって私が存在するわけですから、私たちはもっと自分の行いに責任を持たなければなりません。

37

早熟の天才
シェリング

■同一哲学■

主観と客観を同じ次元でとらえてみよう

「存在するいっさいのものは絶対的同一性そのものである。」
『私の哲学体系の叙述』

ドイツ観念論の哲学者フリードリヒ・シェリング（1775-1854）は、早熟の天才と称されます。自然哲学や同一哲学で知られる人物です。たとえば、私たちはよく主観的、客観的という言葉を区別して用いますが、彼はその二つを同一の次元でとらえようとしたのです。それがシェリングの同一哲学の概念です。主観と客観を同じ次元でとらえるとは、いったいどういうことでしょうか。

一般に、フィヒテの哲学は自我の意義を強調する「主観的観念論」であったのに対して、シェリングのそれは自然を根底に置く「客観的観念論」だといわれます。言い換えると、シェリングは、あらゆる差異の根底にすべてを生み出す自然があると唱えるのです。その意味で、その自然とは主観と客観を一つにし、また自我と自然をも同一にする絶対的同一者ともいうべきものであって、それゆえに彼の哲学は同一哲学と呼ばれるわけです。そこでは、自然が持つ力が上昇していき、様々な存在者が生じるといいます。

こうした発想は、彼自身が、絶対的な同一性は宇宙の原因ではなく、宇宙それ自身であるなどというように、汎神論的な世界観につながっていきます。だから絶対的同一者の中においては質的な差異は生まれてこないのです。差異を持った個々の存在者は、その外部で生じることになるわけです。たとえば、宇宙はその中に何でも含みます。ただそうすると、宇宙に含まれないようなものはいったいどうやって生じ、どこに存在するのかということです。

ところが問題は、絶対的同一者という発想からは、具体的にどのようにして個々の存在者が生まれるのかよくわからない点です。この点をとらえてヘーゲルは、「すべての牛が黒くなる闇夜」と揶揄して、シェリングの思想を批判することになるのです。

とはいえ、シェリングの同一哲学が意味のないものになるわけではありません。たとえば主観と客観の同一性を芸術作品において表現できるとしたら、それはすごいことです。シェリングはそんな天才的芸術について言及しています。自然の無意識的活動と、人間の意識的活動が統一されて、天才の芸術が生まれるというのです。実際、こうした芸術観は、ドイツ・ロマン主義に大きな影響を与えたといわれています。いわば芸術などにおいては、主観と客観が一緒になることもあり得るということです。

ちなみにシェリングの後期哲学は、こうした自然哲学や同一哲学とは異なり、神話や啓示について論じるものへと変化していきます。その思想は今ようやく注目されつつあります。

38

ドイツ観念論の完成者

ヘーゲル

■国家■

国家とは何か考えてみよう

国家は具体的自由の現実性である。

『法の哲学』

G・W・F・ヘーゲル（1770-1831）は政治思想についてもたくさん論じています。一番有名なのは『法哲学』でしょう。ヘーゲル自身、毎年のように法哲学に関する講義を行ってきました。なにしろ彼は若かりし頃フランス革命に影響を受け、後進国プロイセンに自由をもたらすことを使命のように感じていたのですから。フランス革命の記念日には、終生祝杯を挙げ続けたといわれています。

そうして自らの理想の国家像を描くに至ったのです。それをスローガン風に表したのが、「国家は具体的自由の現実性である」というものです。つまり、国家こそが個々人の具体的な自由を実現してくれるということです。そう聞くといかにも国家主義のように思われますが、決してそうではないのです。ナチスがこれを利用したこともあって、ヘーゲルは長らく誤解されてきました。しかし、その本質は極めてリベラルなものであったといっていいでしょう。

それは彼の国家論の体系からも明らかです。ヘーゲルは家族、市民社会、国家というふうに共同体が発展していくと考えます。それに伴って、順に自由が発展していくということです。

それを説明するために、ヘーゲルは共同体を貫く心の基準のことを特別に「人倫」と名付けて重視しています。個人的な倫理が道徳ならば、共同体の倫理が人倫なのです。いってみれば、共同体にも心があるわけです。ここが哲学者の手になる国家論の最大の特徴といえます。

ヘーゲルはそれをゲジンヌングと呼んでいます。「心術」と訳される共同体における態度とか心構えのことです。これが人倫の本質だというのです。同じ共同体に属する人たちには、共通の心構えがあるというわけです。たとえば、家族には愛が、市民社会には誠実さが、国家には愛国心というか公共心がある。これがヘーゲルのいう共同体の心構えです。

そしてこれらはすべて、国家における自由実現というプロジェクトに向けられているのです。家族の愛は市民社会で独り立ちできる子どもを育てるためのもの。そして市民社会における誠実さは、人々の自由な市場活動や交流を促進するもの。さらに国家における愛国心は、市民社会の自由を保護するために、福祉的配慮を行うものということです。

かくしてヘーゲルの国家論は、福祉を実現し、一人ひとりの国民の真の自由を実現する極めてリベラルな政治思想として位置づけることができるのです。皆さんにとって国家とは何でしょうか？　ヘーゲルの国家論を参考に、ぜひ考えてみてください。

39

ドイツ観念論の完成者

ヘーゲル

■弁証法■

矛盾を克服して発展させよう

矛盾するどちらか一方が真だときめこむため、矛盾する双方を自由に行き来させることができず、したがって、対立し衝突してあらわれる形のどちら側にも必要不可欠な構成要素があることを認識できないのだ。

『精神現象学』

ドイツの哲学者ヘーゲルは、近代の頂点に立つとも称されるほどの偉大な存在です。というのも、自らの理論によって哲学の体系を完成したと宣言したからです。その理論の中核にあるものこそ弁証法と呼ばれる概念なのです。では、弁証法とはどんなものなのでしょうか。

あらゆる事柄や行為が、何らかの問題を生じます。常に完璧に事が運ぶなどということはあり得ません。そのときどうするか。一番簡単なのは、問題が起こるたびに切り捨てるというやり方でしょう。でも、それでは真の解決になりません。臭いものにふたをして、ただ先延ばししているだけです。そこで、逆に問題を取り入れ、それによって発展させるという発想をするのが弁証法なのです。

実は弁証法そのものは、古代ギリシアのソクラテスの時代からありました。ただし、もともとは相手と問答を繰り返す中で、相手の主張の論理的な矛盾を暴き立てるための道具にすぎませんでした。

それを生産的な思考法として位置づけたのがヘーゲルなのです。したがって、一般的には弁証法というとヘーゲルのそれを指します。

ヘーゲルのいう弁証法は、問題が生じたときに、それを克服してさらに一段上のレベルに到達する思考方法と定義していいでしょう。これによって一見相容れない二つの対立する問題を、どちらも切り捨てることなく、よりよい解決法を見出すことができるのです。いわば第三の道を創造するための方法なのです。

具体的には、「正↓反↓合」、あるいはドイツ語で「テーゼ↓アンチテーゼ↓ジンテーゼ」などと表現されます。止揚するだとか、アウフヘーベンするだとかいわれることもあります。つまり、ある物事（テーゼ）に対して、それに矛盾する事柄、あるいは問題点（アンチテーゼ）が存在するような場合に、これらを取り込んで、矛盾や問題を克服し、より完璧な発展した解決法（ジンテーゼ）を生み出すという方法です。

これは単なる二者択一による妥協や折衷案とは違います。物事は何でも矛盾を抱えているものです。正の側面もあれば、他方で必ず負の側面も有しています。それでも物事はきちんと存在しています。言い換えるならば、いかなる問題も乗り越えられないはずはないのです。あらゆる物事はこの繰り返しによって発展していきます。このように弁証法は、矛盾を克服して物事を発展させるための論理なのです。

40

ペシミズムの哲学者

ショーペンハウアー

■意志の否定■

欲望を抑えるために意志を否定してみよう

すでに意志を否定し、意志を転換し終えている人々にとっては、これほどにも現実的にみえるこのわれわれの世界が、そのあらゆる太陽や銀河をふくめて――無なのである。

『意志と表象としての世界』

ドイツの哲学者アルトゥル・ショーペンハウアー（1788-1860）は、ペシミズム（悲観主義）の思想家だといわれます。なぜなら、彼は意志の否定を説いているからです。人間は万能ではないので、苦悩に悩まされる運命にあります。成功したいけれどうまくいかない。幸福に生きたいけれどうまくいかない。ショーペンハウアーは、そんな苦悩から解放される道を探究したのです。

彼のいう意志は、理性的な意志ではなく、むしろ理性とは無関係の身体活動として現れる「生への意志」を意味しています。その生への意志が世界を実現するといいます。

そうした生への意志は、根拠も目的もない盲目的な意志であるため、人間にとっては際限ないものとなります。だから人間の欲求はいつまでも満たされることがなく、生は苦痛だらけのものになるのです。では、人はいかにしてその苦痛から逃れることができるのか？

そのための方法として、ショーペンハウアーはまずイデアと芸術の客観について述べます。イデアとは、プラトンのいう理想の世界です。つまり、芸術においては、知性は時間や空間、そして因果律（すべての事象には原因があること）を越えて、このイデアを直観できるといいます。

特に音楽は、意志そのものを模写するので、芸術の最高形態であるとされます。このように芸術は、人間から主観とか客観という要素を取り除き、人間を意志の欲望のすべての苦痛から解放した解脱の立場へと高めます。

ところが問題は、芸術による解脱は、稀にしか生じない一時的なものだという点です。そこで次に説かれるのが、道徳による解脱です。一時的ではない恒常的な道徳による解脱が論じられるのです。生が苦痛であるということは、生の一部である道徳も、他者とともに苦しむということを意味します。つまり同情です。同情することで、人は他者の苦しみを理解しようとするのです。

もっとも、この場合でさえ、実際には他者に対してできる限りのことをするという程度です。その意味では、生存の苦痛からの究極的な解脱にはなりえません。根本的には「生への意志」そのものを否定するしか道はないのです。

それを可能にするのは、「禁欲」をおいてほかにありません。ここでショーペンハウアーがいう禁欲とは、仏教の宗教的諦念によってもたらされる種類のものです。この意志のあきらめ、禁欲的否定こそが、苦悩からの決定的解放を可能にするのです。

41

実存主義の走り

キルケゴール

絶望

絶望を生への渇望に転換しよう

死が希望の対象となる程に危険が増大した場合、絶望とは死にうるという希望さえも失われているそのことである。

『死に至る病』

『死に至る病』の著者セーレン・キルケゴール（1813-55）は、デンマークの哲学者です。彼は不幸な生い立ちも災いして、常に絶望を感じながら自分の存在に悩み続けていました。婚約を破棄した事件もそれに拍車をかけました。そうした絶望こそが、彼にとって死に至る病だったのです。

キルケゴールは、そんな絶望から人は逃れることなどできないといいます。だからといって、最後に待ち受けているのは死だといいたいのではありません。彼が主張するのは、むしろ絶望の苦悩は死ぬこともできないということなのです。死ぬほどの苦しみを味わいながらも、決して死ぬことができない。

人は死が最大の危険であると思っているときには生を願うものです。でも、絶望の場合は死を願うのです。では、なぜ人は絶望するのか？　キルケゴールはこういいます。「もし、人間のうちに永遠者がいなかったら、人間は絶望し得なかったであろう」と。永遠者とは神のことだと思っていただければいいでしょう。かくして「絶望の定式」と呼ばれる論理が提示されるに至ります。

まず人は自己に絶望します。すると人はそんな自分が嫌で、そこから抜け出すために自己自身を食いつくそうとします。つまり死のうとするのです。ところが、人間には自己を食いつくすことなどできません。それは人間の中に永遠者が存在していることを証明しています。いわば人間の中には永遠の理想があるために、どうしても死ねないのです。それに、もし人間のうちにそうした永遠者が存在しなかったら、そもそも人間が絶望することもなかったでしょう。人は理想があるから絶望するのです。

キルケゴールは、絶望は「死に至る病」だといいます。でもそれは、「死ぬことができない」病です。その意味で、キルケゴールは決して後ろ向きではなかったといえます。というのも、彼の哲学は自分で人生を切り開くことを説く実存主義の走りだといわれていますから。

キルケゴールはキリスト教を信仰していたのですが、その神の前に立ち、絶望を罪と位置付けることではじめて、人は前向きに歩いていくことができるとするのです。それがもっとも明確に表れているのが、主体性こそ真理であるという宣言にほかなりません。その主体性を見失った状態が絶望だったのです。絶望に陥っても、人はまた主体性を取り戻すべくあがき続ける。絶望は生への渇望に転換せねばならないのです。

42

実存主義の走り

キルケゴール

■不安■

確信を持つことで不安を克服しよう

実際不安の概念というのは、不安のなかで自由が自己を自己自身の前に可能性において示す、ということなのである。

『不安の概念』

キルケゴールは常に不安を抱いていたといっていいでしょう。だからこそ信仰を求めたのです。『不安の概念』には、キルケゴールが不安とは何かを分析し、かつ自分自身がいかにして不安を克服していったかがつづられています。順番としては、前に紹介した最も有名な著書『死に至る病』はその延長線上にある著作ということになります。

では、不安とは何か？　それは何かを恐れることです。でも、恐怖とは異なります。なぜなら、恐怖とは恐れる対象がはっきりしているからです。それに対して不安の場合は、対象がわからないのです。キルケゴールはそれを自由のめまいとして描きます。つまり、人間には自由があるけれど、それがゆえに不安になるということです。

その意味で、恐怖と異なり、不安は人間しか持ち得ないものだといえます。動物は恐れますが、不安は抱きません。これは人間という存在が動物性と神性とを総合する精神を持ち備えているからです。言い換えると、人間は人間だからこそ不安をその本質としてしているのです。

キルケゴールはそんな不安には段階があるといいます。最初の段階は「精神喪失の不安」です。つまり、精神を持ち備えていることを忘れ、虚心の状態に陥ることを指します。いわば不安をごまかしているような状態なのでしょう。その次に「運命に対して不安を抱くギリシア的異教徒の立場での不安」を挙げています。キルケゴールはあくまでキリスト教徒としての立場から論じているので、そこのところを考慮して解釈しないとわかりにくいのですが、つまり運命に対して負い目を感じる個人が、自分の自由と責任に目を向けることで抱く不安ということです。

そうして罪の自覚に到達したキリスト教的自覚の段階へと進んでいきます。「罪に対する不安」です。そこから人は信仰を求めるようになるのです。神の愛を信じて、救済を求めるということです。これがもとになって、最後の「信仰と結びついている不安」の段階へと至ります。ここまできてようやく、人は信仰の反復を持続し、不安を克服していけるようになるというわけです。

そう聞くと信仰を抱かない限り不安は取り除けないかのようにも思えますが、私は必ずしもそうではないと感じています。要は何か信じられるものがあればいいのです。何事においても確信を持っている人は不安を抱きませんから。

Tetsugaku

BREAK TIME

2 「哲学カフェ」に参加してみよう！

哲学を楽しむ場として最適なのは、なんといっても「哲学カフェ」でしょう。哲学カフェとは、1990年代にフランスで始まったとされている活動で、哲学対話を気軽に楽しむ場です。

堅苦しいイメージのある哲学についてあえて気軽にカフェなどで対話することで、参加者の敷居を下げ、またリラックスした雰囲気の中で自由に考えられるようになります。私ももう10年以上続けていますが、いつもとても楽しい場になっています。

コツは、みんなで哲学をする場なので、人の思考の邪魔をしないことです。そのために私は3つだけルールを定めています。①難しい言葉を使わない、②人の話をさえぎらない、③全否定をしないというものです。

これらはいずれも、全員が対話に参加できるようにし、かつ人の意見を自分の思考のきっかけにするという効果があります。せっかくみんなで集まって考えるのですから、自分の意見を押し付ける場ではなく、むしろみんなで意見を高めていく場にするのが理想です。

あとは、議論を仕切るファシリテーターがいるといいですが、特に知識が求められるわけではないので、誰でもできると思います。きっと近くで開かれている哲学カフェがあるはずですから、まずはインターネット等で探して参加してみてください。そしてその次はぜひ自分で気軽に開いてみるのも面白いと思いますよ。

第3章

哲学の展開（現代——反近代の思想）

43

マルクス主義の生みの親

マルクス

■資本論■

資本主義のカラクリを見抜こう

ゆえに、剰余価値率は、資本による労働力の、あるいは、資本家による労働者の、搾取度の精確な表現である。

『資本論』

ドイツの経済学者であり哲学者でもあるカール・マルクス（1818-83）は、平等な社会をつくるにはどうすればいいか考えた人物です。この難題を解くために、彼の支援者でもあったエンゲルスとともに『資本論』という大部な著書を書き上げました。そうして歴史上はじめて、社会主義に論理的な説明を与えたのです。

マルクスはまず、人間がつぎ込んだ労働の量によって商品の価値が決まってくると考えます。これを「労働価値説」といいます。この説を前提として、資本主義の仕組みを明らかにしていきます。たとえば工場では資本家が生産手段を提供し、労働者はそれを使って商品を生み出す代わりに、賃金を受け取ります。このとき、同じ分量のものを生産するために必要な労働力は、設備投資などによる生産性の向上によってどんどん減少していく傾向にあります。そうすると労働者の数も減らされますし、同じ量の製品をつくる時間が短くなるわけですから、賃金が減らされてしまうわけです。

他方でこうした場合、資本家は余分に生産された分については自分の利益にしてしまいます。この余分に生産された分の利益を「剰余価値」といいます。その意味で労働者は余分にただ働きさせられているようなものです。いわば労働力を「搾取」されているのです。

かくして労働という行為は、主体的にやるものから、強制的にやらされるだけのますます嫌なものになっていくのです。この状態を労働から「疎外」されるといいます。疎外というのは、遠ざけられるという意味です。労働者は賃金を受け取るわけですが、生産した製品自体は資本家のものになりますから、まず製品から遠ざけられます。次に労働そのものも単に資本家の命令のもと、分業させられるだけですから、労働からも遠ざけられます。

さらに労働者はほかの労働者と競争せざるを得ず、その競争に勝つことでより高い賃金を与えられるのです。これは人間の能力が人間そのものではなく貨幣価値によって測られるという意味で、人間からも遠ざけられていることを意味します。これが資本主義のカラクリです。

こうした状況を抜け出すためには、そんな疎外状況を克服して、新たな社会を築くよりほかにないわけです。そのためにマルクスは革命を起こし、まずは生産手段を労働者みんなの共有にする必要があると主張します。そして、生産したものはみんなで分けるという経済システムを導入しなければならないと唱えたのです。その後この思想は、旧ソ連をはじめ多くの社会主義国家を生み出しました。

44

超人思想の哲学者

ニーチェ

道徳

道徳よりも自分の生に従おう

僧職的評価様式が騎士的・貴族的評価様式から分岐し、やがてそれに対立するものにまで発展を続けることがいかに容易であるかを、諸君はすでに察知したことであろう。

『道徳の系譜』

ドイツの哲学者フリードリヒ・ニーチェ（1844-1900）は、神や道徳を批判するような過激な人物として知られています。彼はまた意識をも否定しているといっていいでしょう。どうしてニーチェが意識を否定したかというと、それは人間なんていくら意識的に物事をしようとしても、なるようにしかならないと考えたからです。

そんなふうに考えると、世の中の苦しみにさからっても仕方ないということになります。不公平も仕方ありません。世の中の不条理を嘆きだすと、私たちは不幸になってしまいますから。実はニーチェ自身がそうでした。彼は若干二十代半ばで大学教授になり、本を出します。ところが、それがまったく受け入れられずに、しかも病気になって辞職するのです。

ニーチェによると、不条理なことがあったときの解決法が二つあります。一つは、自分の都合のいいように解釈すること。もう一つは、そのまま受け止めることです。これは物事の価値判断の仕方とパラレルの関係にあります。つまり、自分の都合のいいように解釈するということは、物事の価値判断を都合のいいようにするということになります。こちらは僧職的評価様式と呼ばれます。それに対して、そのまま受け止めるということは、価値判断についてもそのまま受け止めるということになります。こちらは騎士的・貴族的評価様式と呼ばれます。

僧職的評価様式に基づくと、不条理なことがあったときに、自分の都合のいいように価値の転倒をはかることになるのです。たとえば、仕事がないとき、それを自分のせいにするのではなく、そもそも働くなんて馬鹿げてるというふうに。自分が高く評価されないようなときには、社会が間違っているというふうに。

いっそそんなふうに思えたら楽でしょう。ところが、ニーチェはこうした態度を非難します。そのためにニヒリズムという概念を持ち出すのです。これは虚無主義とも訳されるように、どうせやっても仕方ないというネガティブな態度を指しています。ニヒリズムこそが、問題に正面からぶつかることを回避させ、人間を弱くしてしまうのです。

このときニーチェの頭の中にあったのは、当時のヨーロッパ社会を支配していたキリスト教とその道徳です。ニーチェにいわせると、道徳なるものに従うのは弱い人間がすることなのです。本当に強ければ、道徳よりも「自分の生」に従うでしょう。この正直さがニーチェの本当の魅力なのです。

45

超人思想の哲学者

ニーチェ

・超人・

何度でも立ち上がろう

人間は、動物と超人とのあいだに張りわたされた一本の綱なのだ…

『ツァラトゥストラはこう言った』

ニーチェの作品で一番有名なのは『ツァラトゥストラはこう言った』ではないでしょうか。この作品の核となっているのが超人思想です。つまり、超人思想こそニーチェ哲学の核心なのです。では、超人とは何か？

彼はこれをドイツ語でユーバーメンシュと表現していますが、英語でいうならスーパーマンにほかなりません。彼の思想を象徴する言葉の一つに「神は死んだ」というのがあります。といっても実際に神が死ぬわけではありません。あくまで当時の西洋社会において支配的だったキリスト教批判です。

キリスト教は愛の宗教といわれるように、弱い人を慰める宗教だといえます。自分の弱さを肯定し、あの世で救われると手を差し伸べてくれるのです。そのために、救済の主体としての神という存在を創造しました。

こうして人は、自らの弱さを肯定し、神という存在にすべてを委ねてしまうようになります。ニーチェはその点を批判するのです。それでは奴隷と同じだと。だからキリスト教のことを奴隷道徳とも呼びます。そんな奴隷道徳が、ニヒリズム（虚無主義）を生んでいると主張したのです。

そして、早くそのことに気づいて、奴隷道徳に頼らずに強く生きていかなければならないと訴えたのです。それがニーチェの思想です。そこで「神は死んだ」と宣言したわけです。人生というのは同じことの繰り返しです。これを永遠回帰といいます。私たちはつらくともこの永遠回帰を受け入れるよりほかありません。生の全面的な肯定が求められるのです。したがって、強く生きていけるかどうかは、永遠回帰を理解したうえで、それでもなお「よし、もう一度」と思えるか、何度でも立ち上がれるかどうかにかかっています。

これは誰にとっても一番しんどいことです。同じことを繰り返すのは面白くもありません。ましてやそれがつらいこととなると、なおさらです。ニーチェは、そんなふうに永遠回帰を受け入れることができる存在を「超人」と呼んだのです。永遠回帰のような苦しみを受け入れることができる存在は、もはやこれまでの人類の常識を超えた存在にほかならないからです。

だからといって、決して手の届かない存在ではありません。強く生きていきたいと願うなら、きっと永遠回帰を受け入れることができるはずです。それしかほかに道はないのですから。そして私たちは綱を渡るのです。超人になるために。

46

生の哲学者

ベルクソン

■純粋持続■

心の中の時間に目を向けよう

それでも私たちは、その諸瞬間が内的で相互に異質的であるような純粋持続のうちにいつでも身を置き直すことができるのである。

『時間と自由』

フランスの哲学者アンリ＝ルイ・ベルクソン（1859-1941）は、生命について様々な角度から論じた思想家だといっていいでしょう。そのうちの一つの重要な視点が時間です。私たちは時間の中を生きています。ただ、何時という具体的な時間は意識しても、そもそも時間とは何かと問われると困ってしまいます。時計は時間そのものではなく、あくまで私たちが生活の便宜のためにつくりだしたものにすぎないからです。

この点についてベルクソンは、純粋持続という概念を提起しています。純粋持続とは、ベルクソンの生命哲学の特徴を示す、時間に関する概念です。通常、時間というものは、線を描いて時系列で量的に計れるものとして把握されます。一時間、二時間というふうに。これは時間を私たちの外側から理解したものであり、だからこそ分割可能なのです。ところがベルクソンは、実は時間はもっと人間の内側に生じ、直観されるものだといいます。いわば心の中の時間なのです。だから分割することもできません。

別のいい方をすると、時間の瞬間瞬間は別々のものではあるものの、実は自分の中でそれらがつなげられて、一部分が全体を映し出すような形で存在するものだというのです。つまり、時間というのは、メロディのようなもので、新たな音がそこに加えられると、全体が変わってしまう性質を有するというのです。

にもかかわらず私たちは、あたかも数字を足すかのように、単にそこに一つ音が加わっただけだとしか認識しません。ベルクソンにいわせると、これは時間を空間と同じようにとらえてしまっているからなのです。空間は量として測れるものです。一平方メートル追加すれば、それだけ部屋は大きくなります。ところが時間はそうではないのです。いわば量に対して質的存在だといっていいでしょう。

このように時間の観念を捉え直すと、過去もただ過ぎ去るものではなくなります。記憶は過去の出来事ではなく、それを思い出しているとき、実は過去が生き直されているのです。その場合、記憶は頭の中に眠っていたものが引き出されるのではなく、過去にそのまま存在しているわけです。

時間の捉え方一つで、人生の意味まで変わってくるように思いませんか？　それだけではありません。世の中は時間で動いていますから、時間の捉え方が変われば、おそらく人生だけでなく、社会の見方や意味も変わってくるに違いありません。

47

生の哲学者

ベルクソン

■エラン・ヴィタール■

人間も飛躍的に進化することを意識しよう

このはずみこそは進化の諸線に分たれながらもとの力をたもって、変異の根ぶかい原因となるものである。

『創造的進化』

ベルクソンは生の哲学者とも称されますが、それは彼がまったく新しい進化論を唱えたからにほかなりません。その中心となるのが「エラン・ヴィタール」という概念です。エランというのは、「はずみ」だとか「跳躍」などと訳されます。エラン・ヴィタールとは「生命のはずみ」という意味なのです。

つまり、ベルクソンによると、人間を含めあらゆる生命は決して単線的進化を遂げたのではなく、むしろ多方向に爆発的に分散することで進化したととらえることができるわけです。まさに飛躍的に。

というのも、生命は、ある時点から植物と動物に分岐していくのですが、植物にも動物の、動物にも植物の痕跡が残っているのです。植物の中にも、食虫植物や動く植物があるように。

このように、生命を複数の方向に分岐させて進化する際の原動力がエラン・ヴィタールなのです。

その存在を証明するために、ベルクソンは異なる進化線に属するはずのものが、類似した構造を持っている点に着目します。たとえば、軟体動物と脊椎動物という異なる進化線に属する生物が、ともに目のような複雑な器官を持っているのはなぜかと問うのです。両者の目は、化学的構成や由来する胚が異なるにもかかわらず、類似の形態と機能を持っているそうです。

ベルクソンによると、それは体の組織が、解決しなければならない問題との関係で臨界点に達したことによって、予測不可能な生命の変化を生じるとしか考えられないといいます。ここでは「見る」という強い願いがエネルギーとなって、臨界点に達し、目という器官が形成されたと考えるのです。

ベルクソンは、生命の進化過程について、機械論的に理解する態度を退けようとしたのです。機械論は、自然界全体をあたかも数学的な法則に支配された機械のようにとらえます。しかし、それなら未来の進化も計算できることになります。すべてはすでに与えられていることになってしまうのです。

ベルクソンはこうした考えを強く非難します。なぜならそれは、人為的に予測可能な物質に対する法則を、予測不可能な事態が発生し得る生命の世界にまで不当に拡大するものだからです。生命はほかの物質とは異なるというわけです。こうして彼は、生命を中心に全宇宙を創造的進化のプロセスと位置付ける壮大な体系を構築するに至るのです。

精神分析学の父

フロイト

■エディプス・コンプレックス■

悩みを解決するために自分の心を分析してみよう

エディプス・コンプレクスを、ノイローゼ患者がしばしば苦しめられる罪責意識のもっとも重大な源泉とみてよいことは、すこしの疑いもありません。

『精神分析学入門』

オーストリア出身の思想家ジークムント・フロイト（1856-1939）は、精神分析学の父とされます。彼は心の仕組みを分析することで、無意識の存在を発見しました。そしてそれを精神分析に活用したのです。エディプス・コンプレックス（コンプレクス）は、そのような前提のもとフロイトが唱えた重要概念の一つです。

フロイトによると、私たちはリビドーと呼ばれる性的エネルギーを有しており、それへの願望が拒否されると、普通、代理のもので願望を満たそうとするそうです。ところが、神経症の場合には、発達段階において前の段階に退行し、その段階に固着するようになるのです。これが神経症の原因だといいます。つまり、抑圧された性的エネルギーが身体症状に転換するわけです。

エディプス・コンプレックスという概念はここで登場します。たとえば、息子というものはいくら母親を愛していても、父親の存在があるがゆえに母親の存在を独占することはできません。もし自分が母親を自分のものにしようとすれば、父親に男根を切り落とされるという恐怖に苛まれるのです。

そこで息子はどうするかというと、父親の前でいい子になろうと努力します。こうして規範意識が形成されるというわけです。これがエディプス・コンプレックスです。父親を殺し、母親を娶ったエディプス王の神話からとったものです。フロイトはそんなエディプス・コンプレックスが、神経症の原因として見られることを主張しています。

つまり、大人になっても父親の権威に屈したままの状態から抜け出せず、自己のリビドーを性対象としての他人へと転移させることができないのです。それによって神経症を病むわけです。この場合も、本人はそのような幼児期の感情が関係しているとは気づいていません。

もちろん男児だけでなく、女児についても同様に母親を疎ましく思い、父親への愛情を歪んだ形で内包しているということはあり得ます。さらにフロイトは、兄弟姉妹ができると、親を独占したいという欲求から家族コンプレックスが生じるともいっています。

もちろん、すべての神経症がこのようなコンプレックスから生じるわけではないでしょうが、幼児期の経験が私たちの性格や人生に影響を及ぼすのはもっともですから、フロイトの説にもある程度合理性があるといわざるを得ないように思います。悩みのある人は自分の心を分析してみると、解決の糸口が見えてくるかもしれません。

心と社会を論じた哲学者

フロム

■愛■

人を愛する方法を考えよう

愛は能動的な活動であり、受動的な感情ではない。そのなかに「落ちる」ものではなく、「みずから踏みこむ」ものである。

『愛するということ』

ドイツ出身の哲学者エーリッヒ・フロム（1900-80）は、一般に社会心理学者として知られています。一番読まれているのは、なんといっても『愛するということ』でしょう。原題はThe Art of Lovingですから、愛の技術と訳せます。文字通り愛する技術に関して書かれたものです。

面白いのは、愛される技術ではなく、愛する技術を説いている点です。フロムにいわせると、その部分が現代人の誤解なのです。愛は能動的な営みだということです。したがって、愛は能力として論じられるべきであって、どんな人がいいかなどという対象の話に矮小化してしまってはいけないのです。それではモノを選ぶのと同じ発想だということです。ここで資本主義との関係を論じるところがフロムの真骨頂です。だからこそきちんと人を愛せないのは現代的な病だというのです。

さらに重要なのは、愛は決して「落ちる」ものではないという点です。恋に落ちるといいますが、それは間違いなのだと。だからフロムは、愛は自ら踏み込むものであると主張するのです。そしてそれは愛を与えることだと説明します。

愛は自分が何かを与えることではじめて返ってくるものなのです。普通は与えるだけだと失うように感じますが、そんなことはないのです。与えると相手もなんらかの反応をしてくれます。したがって、フロムのいう与えるは、分かち合うということになるわけです。

それができない人はナルシシズムに陥っているのです。自分のことしか考えていない。そこでフロムは、愛に必要な四つの能動的性質を挙げます。配慮、尊重、責任、理解の四つです。つまり、いずれも他者のことを考えられるようになるための性質です。

これらが備われば、後は技術の練習あるのみです。それはナルシシズムを克服すべく、客観的に物事を見る練習、そして相手を信じられるようになるために、まず自分を信じる練習をすること、さらに勇気を持てるように、あえて危険をおかし、苦痛や失望を受け入れる練習をすることです。こうした練習の前提となるのが、何事にも積極的に取り組む能動性です。たしかにバイタリティのある人は、恋愛にも積極的ですから。

最後にフロムは、社会との関係について論じています。誰かを愛せるようになるためには、社会に関心を持って、特定の誰かだけじゃなく、みんなを愛せるようにならなければならないということです。

50

個人心理学の生みの親

アドラー

■劣等感■

劣等感をバネに成長しよう

人は誰でも劣等感を持っている。劣等感それ自体は病気ではない。むしろ健全な向上心につながるきっかけになるだろう。劣等感が病的になるのは、無力感があまりにも大きく、向上心を殺してしまうときだけだ。

『生きるために大切なこと』

オーストリア出身の心理学者アルフレッド・アドラー（1870-1937）は、人生の意味を深く追求したという意味では、哲学者であったといってもいいでしょう。もともとは精神分析学者のフロイトに傾倒していましたが、後に袂を分かち、個人心理学あるいはアドラー心理学と呼ばれる独自の立場を確立します。

そんなアドラーを特徴づけるのが、劣等感に対する考察です。人間には欲求があります。だから自分と他者を比較し、優劣をつけたがるのです。その結果、劣等感を抱くに至るわけです。何事も人より優れているなどということはあり得ませんから。そして苦しむことになるのです。

ただ、だからといってアドラーは、単純に劣等感そのものを否定するわけではありません。アドラーが否定するのは、病的に肥大化した劣等感が人から向上心を奪った結果、なすべき責任や立ち向かう試練から逃げて、安心感を抱いてしまうような事態です。たとえばそれは、どうせ自分は努力をしても何もできないなどと投げやりになり、課題から目をそらすような消極的な態度です。

むしろアドラーは、「健全な劣等感」と呼ぶべきものについては、肯定的にとらえてさえいます。それは他者と比べて感じるような劣等感ではなく、理想の自分との比較のうえで生まれるものにほかなりません。その意味で、自分を成長させる要因となるのです。

そうした成長のために必要なのが、勇気だといいます。アドラーは決して生まれ持った才能を重視していません。人は成長していくものだととらえるからです。だからこそそのための原動力となる勇気が必要だと主張するのです。

ここでいうアドラーの勇気は、ありのままの自分を肯定し、受け入れることを指します。つまり人は、自分に価値があると思えるときだけ勇気が持てると考えるのです。欠点も含めて。たしかに、自分の欠点を受け入れ、堂々としていられる人ほど勇ましい人間はいないでしょう。

では、そんな勇気をどう培えばいいのか？　ここがアドラーのユニークな点なのですが、なんと他者と積極的にかかわり合えばいいといいます。なぜなら、人は他者とのかかわりの中で、自分が周囲の役に立っていることを認識したときはじめて、自分が価値ある存在なのだと認めることができるからです。勇気とはそんな自己肯定感から生じるものなのです。

51

楽観主義の哲学者

アラン

■幸福■

楽観主義で幸せになろう

「うまく行ったからうれしいのではなく、自分がうれしいからうまく行ったのだ」といつも考えねばならない。

『幸福論』

フランスの哲学者アラン（1868-1951）は、本名をエミール＝オーギュスト・シャルティエといいます。アランはなんといっても三大幸福論の一つとされる『幸福論』という本で知られています。その内容を一言で要約すると、幸福になるためのヒント集とでもいえましょうか。というのも、実はこの本は、原題である「幸福についてのプロポ」からもわかるように、色々なエッセーを集めたものなのです。

プロポとは、紙葉一枚二ページに書かれた断章のことです。アランはこのプロポを毎日書き続けたそうです。しかも二時間で一気に書き上げたとのこと。たしかにそんな躍動感を感じる文章です。しかも彼の文体は非常にわかりやすいものです。それもそのはず、このプロポは新聞に掲載するために書かれたものだからです。その意味で『幸福論』は、体系的な哲学書とは異なります。総計五千にも上るプロポの中から、幸福に直接的、間接的に関連する内容のものがまとめられています。

いずれもユニークな視点から書かれており、どれを読んでも新鮮なのですが、それでもその数々のプロポに共通する要素があります。それは人生に対する彼の前向きな姿勢です。アランは自分の立場を「不撓不屈のオプティミズム」などというふうに表現しています。つまり、いずれの項目も決して現実を軽視した単純な楽観主義（オプティミズム）ではなく、むしろ現実の厳しさをしっかりと認識したうえで、それでも乗り越えようと立ち向かう楽観主義に貫かれているのです。

そのことは、問題があっても気分をよくすれば幸福になれるとか、幸福は自分で探さなければならないといった厳しくも楽観的なアドバイスからうかがい知ることができます。

アランの幸福論でもう一つ特徴的だと思われるのは、自分の価値基準をしっかり持つよう説いている点だといえます。自分の価値基準さえしっかりしていれば、他人の評価や多少の失敗さえも気にならないはずです。

アランはそのことを訴えているのです。だから気にせず大胆に生きるよう呼びかけます。つまり何かにとらわれていては、幸福になどなれないのです。自由に考え、自由に行動することではじめて幸福になれる。まさにアラン自身、毎日自分の思いをプロポに表現することで、それを実践していたように思えてなりません。

二十世紀の知の巨人

ラッセル

■幸福■

幸福は外に目を向けることで得られると気づこう

> 幸福な人とは、客観的な生き方をし、自由な愛情と広い興味を持っている人である。
>
> 『幸福論』

イギリスの哲学者バートランド・ラッセル（1872-1970）の『幸福論』もまた、三大幸福論の一つとされます。ただ、ラッセルはもともと数理哲学を専門としており、数理哲学の金字塔といわれる『プリンキピア・マテマティカ（数学原理）』の著者でもあります。その他政治学や論理学など幅広い分野にわたって業績を残したことから、二十世紀の知の巨人と呼ばれています。そして、ラッセル＝アインシュタイン宣言をはじめとした平和活動でも知られる活動家です。しかし、一番よく読まれているのは『幸福論』なのです。それは単にわかりやすいからではなく、極めて実践的だからです。

原題は〝The Conquest of Happiness〟なので、そのまま訳すと「幸福の獲得」となります。幸福とは待っていれば向こうからやってくるものではなく、自ら獲得すべき能動的な営みであるというラッセルの根本思想がよく表れているタイトルといえます。

全体は二部構成になっていて、第一部では不幸の原因分析を行うと同時に、思考をコントロールすることでその原因を取り除く解決策を提示しています。続く第二部では、自分の関心をどんどん外に向けつつ、同時にバランス感覚を忘れないようにすることで幸福になる術を提案しています。

そのうえで、「幸福な人」を冒頭の名言のように、「客観的な生き方をし、自由な愛情と広い興味を持っている人」だと定義するのです。ここでいう「客観的な生き方」とは、不幸の最大の原因である自己没頭をやめ、主観にとらわれることなく外に興味を向けた生き方のことを指すと考えられます。ラッセルの生涯を振り返ってみると、彼はまさに外に向けて生きようとしていた人ですから、言行一致で説得力があります。

ラッセルは、たいていの人の幸福に不可欠なものとして、食と住、健康、愛情、仕事上の成功、仲間から尊敬されることを挙げています。しかし、これらを満たしてもなお、幸せになれない人もいるといいます。だから自分の情熱と興味を外に向ける。これが、客観的に生きるということの一つの意味だと考えられるのです。

またラッセルは、幸福には自分自身との調和と同時に、社会とのつながりも必要だといっています。社会と対立したり、そこから孤立したりしていては、幸福にはなれないのです。ラッセルは戦時中に平和活動を行ったがために、何度もバッシングを受けてきましたから、きっとそのことを痛いほど感じていたのでしょう。

53

現象学の創始者

フッサール

■現象学的還元■

世界を違った視点でとらえよう

現象学的還元とは、一切の超越者（私に内在的に与えられていないもの）に無効の符号をつけることであり、すなわちその超越者の実在と妥当性をそのまま定立しないで、せいぜい妥当現象として定立することである。

『現象学の理念』

ドイツの哲学者エトムント・フッサール（1859-1938）は、学問としての現象学の創始者だとされます。では現象学とは何か？ それは「事象そのものへ」とスローガン的に表現されるのですが、わかりやすくいうと先入観を取り除いて、意識だけで物事をとらえようとすることです。だから自分の中にない一切の超越者に「無効の符合」を付けよというわけです。つまり超越者を否定するということです。

フッサールによると、日頃私たちは素朴に事物や世界の存在をあらかじめ前提としているといいます。それは日常の経験によってもたらされる習慣のようなものであって、単なる「自然的態度」だというのです。

しかし、真理を求めるためには、このような態度ではいけないと非難します。そこで求められるのが、「超越論的態度」というものです。いわばこれは、哲学的に吟味し、疑う余地のない根源的なものを探求しようとする態度です。その先に探求されるのが「純粋意識」と呼ばれる領域です。

本来、概念などの抽象的な存在については、自然的態度のように習慣に基づいて判断してしまうようなことがあってはいけません。そこで、こうした態度を遮断することを説くのです。冒頭の名言は、要約するとまさにこのことをいっているわけです。普段私たちは、自分の意識に問うことはないので、むしろ自分を超越したものに従って物事を判断しているのと同じです。だからその超越者を否定し、純粋に自分の意識に問うよう説くのです。

そうすることで、意識が純粋に受け止めたままに、物事の本質が探求されていくと考えるからです。これが現象学的還元です。現象学的還元によって一切の超越的なものを排除してもなお残存するものこそが、純粋意識にほかなりません。

その意味で、現象学というのは、意識の本質についての学問であるといえます。そのための手法が現象学的還元であり、その結果私たちの認識は普段のそれとは大きく変わってきます。これによってはじめて、私たちは世界を違った視点でとらえることができるようになるわけです。

54

存在を問うた哲学者

ハイデガー

■世界内存在■

自分と周りの環境の関係を見直そう

世界内存在は、そのうちで現存在が総じて活動しているばかりでなく、現存在がそこで主として日常性という様態で活動している、現存在の根本体制である。

『存在と時間』

マルティン・ハイデガー（1889-1976）は、二十世紀ドイツの偉大な哲学者であると同時に、ナチスに肩入れして公職を追放された不名誉な哲学者でもあります。しかし、彼の残した未完の大著『存在と時間』は、間違いなく現代思想において最も重要な哲学書の一つといえます。この本の中でハイデガーは、いくつもの重要な概念を提起しています。「世界内存在」という造語もその一つです。

ハイデガーによると、世界内存在とは、世界の中で様々な事物とかかわり、それらに配慮しながら生きる様を表現したものです。たとえば、私たちは朝起きれば歯ブラシを使い、朝食をとるときは食器を使います。通勤に車を使い、仕事でパソコンを使い、寝るときにはベッドを使います。いわばこれらの事物は私たちにとって道具であり、そんな道具の中に私たちは生きているわけです。ハイデガーは人間のことを現存在と呼びますが、その意味で現存在は世界内存在なのです。そのような視点で自分と周囲の環境の関係を捉え直すと、きっと自分の存在が違って見えてくるのではないでしょうか。

もっとも、人間が事物とかかわりながら生きているというのは、単に人間が物に取り囲まれて生きているということを意味するわけではありません。そんなふうに物に取り囲まれて、いたずらに寝食を繰り返すだけの存在だとしたら、自分なんて誰でもいいことになってしまいます。ハイデガーにいわせると、それは「ただの人（ダス・マン）」です。

それだと、道具の究極目的であるはずの人間が、交換可能、代理可能な誰でもいい存在になってしまうわけです。だからハイデガーは、交換可能な現存在のあり方は非本来的であるとして、本来的な生き方を主張するのです。本人は認めていませんが、彼の哲学が、自分で人生を切り開く実存主義の一つとして位置づけられるのはそうした理由からです。

ここからハイデガーは、一方で人間が交換不可能であるという点と、他方で人間が死すべき存在であるという点を結びつけ、その死を先駆的に覚悟して生きるべきと訴えます。人は死へと向かう存在であると。でも、だからといって必ずしも死をネガティブにとらえているわけではなく、むしろそれによって生を輝かせよと主張している点を見逃してはいけません。

55

存在を問うた哲学者

ハイデガー

■ゲシュテル■

技術に駆り立てられていることを自覚しよう

われわれはいま、それ自体を開蔵するものを用象として用立てるように人間を収集するあの挑発しつつ呼びかけ、要求するものをこう名づける——集-立［Ge-stell］と。

『技術への問い』

ハイデガーの『技術への問い』は、戦後、彼が行った技術に関するいくつかの講演をまとめたものです。福島第一原発の事故などもあり、この本自体が改めて見直されつつあります。技術の本質に注目して、人間とはどのような存在なのか、人間と世界とのかかわりとはどういったものなのかを論じている点がポイントです。一人ひとりの人間は、それぞれの仕事をみずからの生存や利益のために遂行しているだけかもしれません。でも、全体から見れば、産業という巨大な技術の塊が自らを再生産するために人間を利用しているともとらえられるわけです。

技術の本質に近づけば近づくほど、人間が技術を使っているというよりは、技術によって人間が配置されて特定の行動に駆り立てられているということが明らかになってきます。テクノロジーという、人間にとってみずからの活動の産物に思えるものが、逆に巨大な産業という名の技術の塊となって人間の存在を拘束し、そのあり方を規定している。そうした現代における人間存在の被拘束性をハイデガーは技術論で訴えているのです。

そして彼はそれを「ゲシュテル（Ge-stell）」という言葉で表現しています。これは「集-立」あるいは「総駆り立て体制」などと訳されています。要は、いつの間にか私たちは皆、技術の発展に巻き込まれているということです。冒頭の名言はまさにこのことをいっているわけです。つまり要約すると、蔵されていたものを引っ張り出し、対象として使うかのように人間を巻き込んでいくうねりをゲシュテルと呼ぶのです。

ハイデガーは、この事実に対して批判的です。私たちはいったんテクノロジーの連関の中に組み込まれたら最後、テクノロジーそのものを総体として否定することはできなくなります。ハイデガーは、現代の巨大なテクノロジーの運動によってそうした事態が進めば進むほど、人間は単なるテクノロジーのコマとして利用されるだけで、人間性の喪失はもう避けられないし、もはや絶望的なところまで人間は引き連れられていると嘆いています。

私たちにできるのは、少しでも問題が起きないよう技術を飼いならす努力をすることだけです。したがって、まずやるべきは技術の本質を見極めることだと思います。技術そのものは、根本的には人間の主体的な選択の対象にすることはできないということです。つい私たちは人間中心の発想ばかりをしてしまいますが、決してそうではないということに気づく必要があるのです。

二十世紀の知のスター

サルトル

■実存主義■

人生をこの手で切り開こう

人間はあとになってはじめて人間になるのであり、人間はみずからがつくったところのものになるのである。

『実存主義とは何か』

フランスの哲学者ジャン＝ポール・サルトル（1905-80）は、二十世紀の知のスターといっても過言ではありません。哲学者としてだけでなく、作家、劇作家、そして活動家としても活躍したサルトル。彼の思想は実存主義と呼ばれるものです。実は、実存の哲学は十八世紀以降色々な人たちが唱えてきたのですが、それを実存主義という形で明確な思想として世に問うたのはサルトルがはじめてといっていいでしょう。一言でいうと、それは自分で人生を切り開く生き方を唱えるものです。

サルトルによると、人間とはすでにある何らかの本質に支配された存在では決してなく、自分自身で切り開いていくべき実存的存在にほかならないということになります。彼はこれを「実存は本質に先立つ」と表現しました。実存というのは存在のことで、本質というのは予め決められた運命みたいなものです。

サルトルはこれをペーパー・ナイフを例に説明しています。ペーパー・ナイフというのは、ある仕方でつくられる物体であると同時に、一方では一定の用途を持っています。だからこの場合、ペーパー・ナイフの本質（紙を切る）は実存（存在）に先立っているのです。存在が限定されているといってもいいでしょう。

ですから、ペーパー・ナイフのように、つくり方や用途の予め決まった存在は、本質が実存に先立っているのです。言い換えると、運命が決まっているわけです。しかし、人間の場合は、「実存は本質に先立つ」のです。名言にあるように、人間は最初は何でもない存在ですが、後になってはじめて人間になります。しかも自らつくったところのものになるといいます。つまり、運命は変えられるということです。

サルトルはこの状態を「人間は自由の刑に処せられている」とも表現しています。これは自由に選択したとき、その責任を自分が負わなければならないということを意味しています。サルトルは無神論的実存主義を唱えており、神による運命よりも自分の選択が先立つといっているのですから、選択の責任を自分が負うのも当然なのかもしれません。

だからといって、そこから逃れることもできない。ならば行為するしかありません。サルトルも主張しているように、希望は行動の中にしかなく、人間を生かす唯一のものは行為なのですから。そうしてサルトルは、実存主義は楽観的な主義だと結論づけるのです。

57

二十世紀の知のスター

サルトル

アンガジュマン

積極的にかかわって社会を変えよう

人間は組織化された状況のなかにあり、彼自身そのなかにアンガジェされ、自分自身の選択によって人類全体をアンガジェする。

『実存主義とは何か』

人生は自分で切り開いていくよう訴えるサルトルですが、そこに客観的な壁があるのも事実です。社会のルールや慣行はそんな壁の一つでしょう。こうした状況を前に、いったいどう振る舞えばいいのか。決してあきらめないサルトルは、アンガジュマンという概念を掲げます。

アンガジュマンとは、積極的かかわりを意味するサルトルの用語です。engagement とつづりますが、フランス語なので「アンガジュマン」と発音します。英語では ニュアンスの関係で commitment と訳されることが多いです。名言にある「アンガジェする」というのはその動詞で、積極的にかかわるという意味になります。

サルトルには戦争体験があります。そのことが彼の思想にも影響しているのでしょう。彼は一時期徴兵され、従軍させられます。その避けることのできない拘束の中で、結局自由とは与えられた「状況」の中でしかあり得ないものなのだと悟りました。

与えられた状況の中で自由を実現するにはどうすればいいか。逃げることができないなら、もはやそこに飛び込むよりほかありません。これがサルトルの導き出した答えです。

それは自分の気持ちだけではどうにもならない客観的な事態を、仕方ないものと受け止めるような消極的な態度とは１８０度異なるものです。そうではなくて、積極的な社会参加によって、客観的事態をも変えることができるという前向きな態度なのです。

だから結果は二の次なのです。壁ばかりだとあきらめてしまっては、何も変わりません。可能性がある限り立ち向かう。自由はその先にしかないのですから。サルトルは、アンガジュマンによって人は自分を実現していくといいます。

立ちはだかる社会の問題に積極的にかかわることで、理屈のうえでは人類全体を巻き込んだ自由実現のプロジェクトが始まるわけです。一人が声を上げることでほかの人が追随し、社会が大きく変わるということだってあります。歴史はそうやって動いてきました。冒頭のサルトルの名言はそんな人間の可能性を謳ったものとしてとらえられるのではないでしょうか。

こうしてサルトルの実存主義は、自己の行動を通じて社会変革を実現する理論として定式化されるようになりました。現に彼自身、ベトナム反戦運動やアルジェリアの独立闘争に参加するなど、自ら選択して積極的にアンガジュマンを実践しています。これこそが実存主義的な自由の実現方法なのです。

58

身体の哲学者

メルロ＝ポンティ

〈肉〉

身体は世界とつながっていることを意識しよう

われわれが結局は自己の身体を理解するのも、世界の肉によってなのである。

『見えるものと見えないもの』

フランスの思想家モーリス・メルロ＝ポンティ（1908-61）は、本格的に身体を哲学の主題にしたことで知られています。彼は身体と世界の関係について考えたのです。もちろん私たちの身体は世界の中にあるわけですが、そうした受動的な意味を超えて、もっと積極的な意味を見出そうとしたのです。そのためメルロ＝ポンティは、それ以前の常識とはまったく別の視点で心と身体のつながりをとらえようと試みました。つまり、身体を対象物と私たちの知覚との媒介として位置づけたのです。私たちが物を見たり、触ったりして知覚するのは、常に身体を通してである点に着目したからです。

メルロ＝ポンティは、むしろ身体こそが私たちの世界、そして意識を形づくっていると考えました。たとえば幻影肢について考えてみればわかると思います。幻影肢というのは、事故で腕を失った人が、それでも無意識に手でものをつかもうとしてしまう現象をいいます。このときその人にとっての世界は、まだ事故前の体が知覚したままの状態なのです。ところが、そのうち腕のない世界に慣れてくる。その人にとっての世界は変わってしまったわけです。

ここでは、身体は単なる機械ではなくて、世界と私とをつなぐ唯一の手段であるといえます。世界に向かう志向性と表現してもいいでしょう。このような身体は、他者と共感するための共通のインターフェイスとしての〈肉〉と表現されます。

右手が左手に触れるとき、右手が左手に触れるという感覚と、左手が右手に触れられるという感覚の二つを持つことができるわけですが、この感覚は他者やモノに対しても持つことが可能なのです。

そうすると、世界はすべて一体の何かからできており、つながっているのだと考えることもできます。いわばその「一体の何か」がここでいう〈肉〉なのです。ちなみに〈肉〉とは聖書に由来します。聖書の世界では、人間は肉を分かち持つという趣旨の表現が多く見られます。

こうして世界のすべては、一つの同じものを別の形で表現したものにすぎなくなります。そのとき、私が世界に存在するものの各々の差異を認識するのは、私の身体を媒介にしてということになるのです。ここにおいて身体の持つ意義は大きく変わってきます。私にとっての身体は、単にそれが私の体であるという意味を超えて、世界と私をつなぐ媒介物として再定義されるわけです。

59

他なるものの哲学者

レヴィナス

■イリヤ■

孤独から抜け出そう

万物のこのような想像的破壊の後に残るのは、何ものかではなく、ある(il y a)という事実である。

「時間と他なるもの」

エマニュエル・レヴィナス(1906-95)は、リトアニア出身のユダヤ系の哲学者です。戦後フランスで活躍しました。第二次世界大戦中は、ユダヤ系であったため、家族が虐殺されたり、自身も捕虜にされたりした経験を持っています。そうした壮絶な経験が、彼の哲学を形づくっているのは間違いありません。その意味で、レヴィナスもまた現代にあって、戦争とその後の世界をつなぎ合わせようとした哲学者として位置づけることができるでしょう。

さて、そんなレヴィナスの哲学を象徴するのが、イリヤという概念です。イリヤとは、フランス語で「il y a」と表記される言葉で、「〜がある」という意味になります。レヴィナスは、戦争ですべてがなくなってしまったにもかかわらず、それでも何事もなかったかのように世界や自分が存在し続けている状況に恐怖を覚え、これをイリヤと表現したわけです。冒頭の名言は、このことを表した一文です。

レヴィナスによると、夜の闇にもたとえられるイリヤの中で、人は孤独になってしまうといいます。したがって、私たちが目指すべきなのは、そうした孤独からの脱出であり、ひいてはイリヤ自体からの脱出にほかなりません。

ごく簡単にいうと、レヴィナスのいう孤独とは、イリヤの中で自分に閉じこもってしまうことです。つまり、自分の中に他者がない状態です。そこで他者の引き受けが求められます。ただ、自分の中に他者を入れるといっても、他者を同化してしまってはいけないといいます。それでは他者の意味がありません。

孤独から私たちを救ってくれる他者は、絶対的に他なる存在、いわば差異であり続けないといけないのです。だから他者と共感を求めたり、物理的に一緒にいるだけではダメだというのです。理想は、他者という差異が常に自分に突き刺さった感じです。そうしてはじめて、「苦しいのは自分だけじゃない。みんな頑張ってる」と思えるようになります。

そしてレヴィナスは、他者を意識するために、顔に着目せよといいます。顔にはそれぞれの人の過去が、人生が表れているからです。顔が見えてくれば、おそらくイリヤの闇も晴れることでしょう。レヴィナスの哲学はその先を目指して、さらに積極的に他なるものへのかかわりを追求することになります。まさに他なるものを考え続けた哲学者なのです。

60

他なるものの哲学者

レヴィナス

倫理

他者に対して責任を負っていると思おう

私は、他人たちに対する責任という責務を背負わされている。しかるに、この責務は私のうちで始まったものではない。

『存在するとは別の仕方で　あるいは存在することの彼方へ』

レヴィナスは、他者を意識することを訴えると、さらにその他者に対して無限の責任を負うべきだと説きます。それこそが倫理なのだと。しかしこれは私たちの知っている倫理の概念のイメージとは異なります。

レヴィナスによると、他者というのは、私とは根本的に異なる存在だといいます。いわばそれは、私の世界の外からやってくる「差異」にほかなりません。にもかかわらず、その差異である他者は私の中にグイと入り込んできます。ここが問題なのです。

常に私の中には、差異としての他者が居座っているのです。だから他者と私とは切っても切れない関係にあって、しかも切っても切れないがゆえに、その他者に対して無限の責任を負わなければならないのです。

どうしてそのようなことになるかというと、レヴィナスにとっては他者の存在そのものが「倫理」だからです。他者のおかげで、私という存在が成り立っていると考えるわけです。普通は倫理というと自分と他者との間の対等な関係をいいます。仲間の間での守るべき規範、ルールのことなのですから。

ところが、レヴィナスの定義する倫理は、他者に対し無限の責任を負うという非対称な関係を生み出しているのです。他者そのものが倫理だというのは、そうした意味です。この背景には、レヴィナスのいういかなるものにも先立って背負わされた借財という発想があります。その借財に応答することが責任だと論じるのです。

まるでキリスト教のいう原罪のようにも聞こえますが、レヴィナス自身はこれを「贖い（expiation）」と呼ぶのは大胆に過ぎると自重しています。ただ、こうしたレヴィナスの思想が、自分中心の現代社会を見直す契機を与えてくれるものであることは事実だといえます。私たちはとかく自分中心に物事を考えてしまいがちです。でも、そうではない物の見方もあるということです。

現代社会では、倫理さえも自分がやるべきことという視点でとらえられています。それを他者のために自分がやるべきことと再定義するとどうなるか。おそらく今以上に人を思いやる、暴力のない平和な社会が訪れるように思えてなりません。第二次世界大戦のホロコーストで家族が犠牲になったレヴィナスもまた、そんな社会の訪れを切に望んでいたに違いありません。

61

プラグマティズムの大成者

デューイ

■プラグマティズム■

正解は状況によって変わるものと思おう

道徳的な善や目的というのは、何かを行なわねばならない場合にのみ存在する。

『哲学の改造』

　プラグマティズムとは、ギリシア語で行為や実践を意味するプラグマという語に由来し、アメリカで発展してきた思想です。一言でいうなら実用主義などと訳されますが、理論形成期の主な論者は三人おり、その内容も段階を経て変化してきています。

　最初にプラグマティズムを唱えたのは、C・S・パース（1839-1914）という哲学者で、彼は概念を明確にするための方法としてこの語を用いました。このパースの創設したプラグマティズムを発展させたのが、ウィリアム・ジェームズ（1842-1910）です。ジェームズは、パースのいうプラグマティズムの方法を、人生や宗教、世界観といった真理の問題に適用しました。

　こうしてより実践的な思想として発展したプラグマティズムは、ジョン・デューイ（1859-1952）によって完成されます。デューイは、私たちの日常を豊かにすることを哲学の目的に据えました。そうすると、思想や知識などというものは、それ自体に目的や価値があるのではなく、人間が環境に対応していくための手段となります。知識は人間の行動に役立つ道具としてとらえられるのです。この思想は道具主義と呼ばれます。

こうした実践的な真理観は、何を善とするかという道徳観についてもそのまま当てはまります。デューイによると、道徳的な性格は、社会的要素を含むものなのです。つまり、徳とか悪徳といったものは、すべて人間を支配する客観的な力を組みこんだ習慣にほかならないというわけです。習慣とは、環境によって内容が異なるものであって、間違っても絶対的だなどとはいえません。

したがって、常に知性による調整が必要になってくるのです。これが道徳の課題です。私たちはそんな知性による調整を繰り返しながら、道徳観を養っていくのだといえます。ここからわかるのは、デューイの道徳観は動的なものであるという点です。「成長や改良や進歩といった過程」が重要なのであり、それこそが善なのです。

善が成長の過程だとすると、当然普遍的なものではなくなります。善はむしろ人によって異なる特殊なものなのです。たしかに何が富なのか、何が親切なのか、一概にはいえません。人によって、あるいは状況によって答えは変わってくることでしょう。さすが実を取る世界一の国アメリカ発の思想です。

62

風変わりな天才

ウィトゲンシュタイン

■写像理論■

意味を知るために言葉を分析しよう

哲学は、語りうるものを明晰に描写することによって、語りえぬものを指し示そうとするだろう。

『論理哲学論考』

風変わりな天才として知られるオーストリア出身の哲学者ルートヴィッヒ・ウィトゲンシュタイン（1889-1951）。彼は若くして哲学の世界で偉業を成し遂げ、早々に引退して小学校の教師になったかと思えば、戦地に赴き英雄として表彰されます。そしてまた大学に舞い戻って新たな哲学を完成したというすごい人物です。師である、かのバートランド・ラッセルにも天才と認められたほどです。

そのウィトゲンシュタインが取り組んだのが、言語と世界の関係を明らかにするという問題です。彼は写像理論を提起し、この難題に一つの答えをもたらしました。これがウィトゲンシュタインの前期の思想と呼ばれるものです。

写像理論とは一言でいうと、言語と世界との間の対応関係、つまり構造上の同一性のことを指します。ウィトゲンシュタインが『論理哲学論考』において明らかにした概念です。彼は、この写像理論をもとにして、言語の可能性から世界のあり方を明らかにしようと目論みました。

そもそも言語は、名の連鎖としての要素命題と、その真理関数（真偽に関する対応関係）からなるといわれます。つまり、名はある対象を持つときにはじめて意味を持つのです。そして要素命題における名同士の関係が、名の表している対象同士の関係と対応している場合、要素命題は正しいということになります。

たとえば、「小川仁志」や「大学」という名と、「小川仁志は大学で教えている」という要素命題について考えてみましょう。すると、小川仁志や大学という言葉の関係性と、それが指す対象としての小川仁志及び大学との関係は対応していることがわかります。だから「小川仁志は大学で教えている」という要素命題は、正しいということになるわけです。

この理屈を発展させていくと、世界中の事柄が言葉によって説明できることになります。つまりそれは、世界が言語によって語り得ることを意味しているのです。逆にいうと、自然科学の世界とは異なり、善や意志といった対象を持たない命題は、語り得ないことになります。これについてウィトゲンシュタインは、語り得ぬものには沈黙しなければならないといっています。いわば、言語の限界が世界の限界だということです。

こうして写像理論は、後のウィーン学派による論理実証主義を生み出す契機となったのです。しかし、天才ウィトゲンシュタインの思想は、ここでは終わりませんでした。次項でも解説します。

63

風変わりな天才

ウィトゲンシュタイン

言語ゲーム

言葉のやりとりをゲームとしてとらえよう

「言語ゲーム」ということばは、ここでは、言語を話すということが、一つの活動ないし生活様式の一部であることを、はっきりさせるのでなくてはならない。

『哲学探究』

引退を撤回し、大学に戻ってきたウィトゲンシュタインは、「言語ゲーム」と呼ばれる思想を構築します。これが後期の思想とされるものです。そのテーマは、私たちの会話がどうして成り立つのかを明らかにするものです。不思議なことに、同じ言葉が色々な意味を持つにもかかわらず、私たちは意志の疎通を図れます。

ウィトゲンシュタインにいわせると、私たちは日常生活において、いわば言語を交わし、意味を解釈するゲームを行っているのです。そのゲームでは、場所や状況によってルールが決まってきます。言語活動というのは、生活の各場面によって決定されてくるものなのです。

ウィトゲンシュタインは、「赤いリンゴ五つ」と書いたメモを渡して、人に買い物を指示する例を挙げます。そのとき私たちは、このメモを見た店の主人が「リンゴ」と書かれた箱を開け、赤という色見本に合致する色の物体を探し、五という数字を数えていくシーンを前提としています。

「赤いリンゴ五つ」というメモによって、実際に私たちが赤いリンゴ五つを手にするためには、この前提が不可欠なのです。もし仮に、店の主人がリンゴをミカンだと思っていたり、赤を黄色だと思っていたり、五を三だと思っていたりしたら、このメモを見て「黄色いミカン三つ」を手渡すことになってしまいますから。つまり問題は、生活の中でその言葉がどう使用されるかという点にあるのです。これがウィトゲンシュタインのいわんとすることです。

したがって、言語ゲームとは「生活形式」であるということができます。彼自身、冒頭の名言にあるように、言語ゲームという言葉を使ったのは、言葉を話すということが一つの活動や生活形式の一部であることをはっきりさせるためだといっています。

そうなると、私たちにとって確実なものは、言語活動だけだということになります。その場合、私的な言語は言語とはいえません。なぜなら私的言語とは、ただそれを話している者だけが知り得るものにすぎないからです。それは誰にも理解できない音声と同じだというわけです。誰かと意思疎通できるものでないと、言葉は意味を持ち得ないということです。

言語ゲームには相手がいるのです。そして相手との関係でルールが決まってくる。そんなふうに意識して会話をすると、あたかもゲームをしているかのように楽しめるようになるのではないでしょうか。

64

構造主義の完成者

レヴィ＝ストロース

■構造主義■

物事の全体構造に目を向けよう

交叉イトコ婚、外婚規制、双分組織というものは、ある基本的構造が顕現したものとして扱われねばならないのである。

『親族の基本構造』

フランスの思想家クロード・レヴィ＝ストロース（1908-2009）は、文化人類学者としてフィールドワークを行う中で、構造主義を確立していきました。ここでいう構造とは、要素と要素の間の関係からなる全体のことであって、簡単にいうと構造主義とは、物事の全体構造に目を向けることで、本質を探ろうとする思想です。よく「木を見て森を見ず」といわれるように、本質を見極めるには全体に目を向けることが大事だということです。

レヴィ＝ストロースが最初に構造主義の発想を思いついたのは、戦争に召集された際、塹壕の中でふとタンポポを見つけたときだといいます。花の美しい秩序の中に構造を見出したのです。その後構造言語学などの理論を取り入れ、レヴィ＝ストロースは構造主義を体系化していきます。

そうしてレヴィ＝ストロースが構造に着目して行った研究が、『親族の基本構造』の中で紹介されている交叉イトコ婚の例です。「未開」の部族などに見られる、男性とその母方の交叉イトコの女性を結婚させる風習のことです。

このような風習はいかにも「未開」な社会ならではのように思われていたのですが、レヴィ＝ストロースは、このシステムの全体構造に目をやることで、ある発見をしました。それは、男系家族の男子にとって、母方の叔父の娘は別の家族集団に属している点です。ということは、この関係にある男女が結婚する仕組みにしておけば、常に異なる家族集団間で人の交換が行われ、部族の存続を図れるというわけです。

ここでポイントとなるのは、一部の要素の変化だけに目を奪われていては、変わることのない全体構造を見失うということです。全体に着目することで、全体の枠組みそのものが不変であることを認識してはじめて、それを構造ととらえることができるのです。

かくして、一部の現象だけをとらえて「未開」だとみなされてきた風習は、全体構造を見てみると、意外にも高度なシステムを形成していたことが判明します。私たちは、一部だけを見ていては誤解をしてしまうわけです。だから全体を見なければならないのです。現にレヴィ＝ストロースは、構造主義の立場から、従来の偏った欧米中心主義を批判していきました。その意味で、構造主義はバランスの取れた物の見方であり、バランスの取れた思考の方法論であるといえます。

65

構造主義の完成者

レヴィ＝ストロース

■野生の思考■

具体的で感性的な思考を武器にしよう

どの文明も、自己の思考の客観性志向を過大評価する傾向をもつ。

『野生の思考』

ジャングルに住む人たちをテレビで目にすると、彼らは遅れていると感じてしまうことがありませんか？　はたして文明のほうが常に優れているといえるのでしょうか。そんな問いを投げかけているのが、レヴィ＝ストロースの著した『野生の思考』です。

まずレヴィ＝ストロースは、「未開人」の思考法に着目しました。彼らの思考は粗野で単純なのではなく、発想が異なるだけだというのです。たとえば動植物の分類に関して、私たちは作りや性質など中身の違いを基準にしますが、「未開人」はトーテム的分類といって、外見の違いを比較します。

またレヴィ＝ストロースは、「未開人」の知識欲のほうが均衡がとれているともいいます。だから文明社会は常に激しい変化を求める「熱い社会」であるのに対して、「未開社会」はほとんど変化のない「冷たい社会」だと指摘するのです。逆にいうと、冷たい社会では、新しい変化を求めずとも十分やっていけるわけです。

そしてその秘訣について、「ブリコラージュ」という概念を使って説明します。ブリコラージュとは、その場その場で、あり合わせの断片を材料にして作品を組み立てることです。一般に、「器用仕事」などと訳されます。

これに対して、近代科学の思考は、技師があらかじめ全体的な計画に基づいて、一義的に機能が定義されている部品を用いて製品を組み立てるものです。日曜大工を思い浮かべてもらえばわかるように、とりあえずあり合わせの材料でなんとかまかなったほうが、便利で役立つことはあります。

つまり、レヴィ＝ストロースは、これまで「未開社会」の稚拙な発想にすぎないとして文明の外に追いやられていた野生の思考が、実は近代科学と同じ合理的な科学であることを指摘した点が画期的だったのです。つい私たちは自分の属する文明のほうが優れていると思い込みがちですが、決してそうではないのです。

もちろんこれは、どちらが優れているかという話ではありません。すでに見たように、野生の思考は具体的で感性的なのに対して、近代科学の特性は抽象的で理性的です。つまり、両者は異なる特性を有しているのです。したがって、感性の思考と理性の思考は、互いに排他的なものではなく、相互に補い合うものだといっていいのではないでしょうか。両方武器にできれば怖いものなしです。

Tetsugaku BREAK TIME

3　哲学にとって「思考実験」とは？

思考実験とは、文字通り頭の中で実験を行うものです。科学の実験と異なり、実験室や実験器具がいるものではありません。あくまで頭の中だけで行うのです。しかもあり得なさそうな設定で、究極の選択などを考えてみるのです。

一番有名なのは、トロッコ問題ではないでしょうか。あなたはトロッコ列車の運転手だとします。目の前に５人の作業員が。でも、ブレーキがききません。幸い左に待避線があり、ハンドルを切ることはできます。ところが、人が１人歩いています。さあ、どうしますか、というあれです。

そのまま何もせず５人の命を奪ってしまうか、あえてハンドルをきって１人を犠牲にするか。難しいですよね。これは正しさとは何かを考えさせる思考実験です。命の数なのか、人を何かの手段にしないということなのか。

こういう究極の設定によってはじめて、価値の対立が見えてきます。だから実験なのです。こんなバカげたことは現実の世界ではないなどといっていてはいけません。最近、AIの自動運転に絡んで、このトロッコ列車の思考実験が注目を浴びています。

科学の実験と同じで、実験室で行っていることは、現実の世界に応用可能なのです。それに、日ごろからこういう思考の訓練をしていると、頭が柔軟になってきます。思考実験は哲学思考のトレーニングにも最適なのです。

第4章

哲学の拡散（現代――ポスト構造主義以後）

66

権力批判の哲学者

フーコー

■エピステーメー■

時代を規定する知の土台を発見しよう

ある文化のある時点においては、つねにただひとつの《エピステーメー》があるにすぎず、それがあらゆる知の成立条件を規定する。

『言葉と物』

フランスの思想家ミシェル・フーコー（1926-84）は、ポスト構造主義に位置づけられます。彼は知というものを新たな視点で捉え直したことで知られます。私たちの学ぶ学問は、時代とともに変わっていきます。だからいつまでも同じことを教えていてはいけないのです。時代の変化とともに、新しい教育をする必要があります。では、学問はいったいどのように進化していくのか。これがフーコーの唱えたエピステーメー概念の主題とするところです。

エピステーメーとは、もともとはギリシア語で、「学的認識」を指します。つまり、知識のことです。たとえばプラトンは、理性が導き出す知識のことをエピステーメーとして、単なる主観にすぎないドクサと対比させました。

これに対して、フーコーは『言葉と物』の中で、これを独特の知のあり方を表す語として用いました。それは個々の知識の話ではなく、その時代のあらゆる学問に共通し、あらゆる知の成立条件を規定する土台のようなものです。フーコーは、知の土台を明らかにすることが、認識の場を築くことになると考えたのです。

たしかに研究者が同じ対象を研究するにしても、時代によって視点が異なってくるものです。というのも、知は世界の枠組みに影響を受けて形成されるものだからです。フーコーは、そんな知の枠組みの歴史を探ろうとします。もっとも、本人は歴史というよりは、考古学に近いといっていますが。その考古学的調査の結果、四つの時代のエピステーメーを区分しています。

十六世紀ルネサンスのエピステーメー、十七、十八世紀の古典主義のエピステーメー、十九世紀の近代人間主義のエピステーメー、今後現れるであろうエピステーメーの四つです。二十一世紀の今から見ると、もしかしたら四つ目のエピステーメーは、インターネットによって大きな影響を受けた知を指しているともいえそうです。

私たちは、そうした知識や学問を、まるで普遍的で連続したものであるかのようにとらえがちです。ところが、実はそれは気づかぬところで時代の制約を受けているのです。つまり、知の土台としてのエピステーメーが変化すれば、それに伴って新しいエピステーメーに規定された新しい学問が築かれるわけです。そうした事実に自覚的になることは、学問的探究にとって有益であるといえるのではないでしょうか。

権力批判の哲学者

フーコー

■パノプティコン■

常に監視されていることを意識しよう

〈一望監視装置〉は、見る＝見られるという一対の事態を切離す機械仕掛であって、その円周状の建物の内部では人は完全に見られるが、けっして見るわけにはいかず、中央部の塔のなかからは人はいっさいを見るが、けっして見られはしないのである。

『監獄の誕生』

フーコーはまた、権力の本質を鋭く見抜いた思想家でもあります。たとえば、なぜ私たちは規律を守るのでしょうか？　もちろん暴力で強制されるような場合は当たり前ですが、不思議なことに、誰も見ていなくても結構きちんと過ごすものです。学校でも職場でも。フーコーの論じたパノプティコンの概念は、そうした問いに答えてくれるものです。

パノプティコンとは、監視の仕組みのことをいいます。もともとは、功利主義の思想家ジェレミー・ベンサムが考案した刑務所のアイデアのことです。「一望監視装置」などと訳されます。これを権力の本質を暴くために引っ張り出してきたのがフーコーの功績です。

パノプティコンはどういう施設かというと、中央に監視塔があって、周囲に円環状に独房が配置されています。ここには工夫がされていて、監視塔から独房は見えるけれども、独房の側からは何も見えないのです。つまり、監視塔にいる看守はすべての囚人の動きを見られるのに対し、独房にいる囚人は看守が何をしているかわかりません。これが「見る＝見られるという一対の事態を切離す」ということの意味です。

ここには、監視する者とされる者の間の眼差しの不均衡が存在するのです。この不均衡こそが権力の象徴です。一方が他方に完全に従うという構図です。パノプティコンの場合は、監視されているという可能性を囚人が常に意識し、自動的に従順な「従属する主体」となることを意味しています。

こうして権力は、囚人自らが進んで規律に従うことで深く内面化されていきます。言い換えるなら、権力は「没個人化」され、匿名的になり、より巧妙になっていくのです。フーコーは、パノプティコンの原理に見られる規律訓練型権力の作用が、単に監獄という制度に局限されるものではなくて、近代社会の隅々まで及んでいるといいたかったのです。

その原理は、学校、工場、仕事場、病院、軍隊など、社会の様々な制度に拡散し、監獄と同様の効果を発揮しているといいます。もはや社会秩序の形成と維持にとって無視できない役割を果たしているのです。つまり、私たちは常に監視されているわけです。こうして規律・訓練は、個人の「身体」だけでなく、同時に社会全体という「身体」も貫徹し、「規律・訓練社会」を出現させるに至ります。

68

ポスト構造主義の旗手

デリダ

■脱構築■

一から作り直す勇気を持とう

改善することは脱構築することを意味します。それは法の以前の状態を批判し、それをよりよいものに変えるためです。

『デリダ、脱構築を語る』

フランスの哲学者ジャック・デリダ（1930-2004）は、ヨーロッパの知の伝統を覆す思想を提起した人物です。また、在野を貫くと同時に、誰でも哲学を学べる場「国際哲学コレージュ」を創設するなど、自らの思想を実践しました。そんなデリダの思想を象徴するのが、脱構築という概念なのです。

一言でいうと、脱構築とは一から作り直すことを意味します。近代においては、予め正しいと思われる価値が重視されてきました。デリダにいわせると、それは論理的なものやわかりやすいものを最優先する態度、文字よりも声を優先する態度、目の前に現れたものを正しい存在だとする態度、男性的なものを女性的なものの優位に置く態度、ヨーロッパをほかのどの地域よりも優位とみなす態度といったものが根底にあるからです。

しかし、こうした既存の価値は正しくもないうえに、暴力的でさえあります。というのも、論理的なものだけが正しいという考えが差異を排除してきたからです。また、男性的なものを優位に置く態度が女性を抑圧し、ヨーロッパ中心主義が植民地支配や戦争を生み出してきたからです。

そこでデリダは、こうした西洋近代の哲学体系に特有の態度を解体しようとします。それが脱構築という概念なのです。ハイデガーの「解体」という用語をヒントに考えられた「デコンストリュクシオン」という造語の訳です。構造物を解体し、構築し直すという意味になります。ここでのポイントは、単に解体するだけではなく、構築し直すという点です。

構造物の解体、構築というと、建築用語のように聞こえますが、実はこの用語は頻繁に建築に応用されています。脱構築主義建築などと呼ばれるものです。その特徴は従来の建築の常識を覆すような形態やコンセプトにあります。まるでずれたり、破壊したような建築が多く見られます。脱構築とは、既存の物事のあり方を解体し、一から新たな形に構築し直すことを表しているのです。

冒頭の名言にあるように、たとえばデリダは法を脱構築することは可能だといいます。それはいったんその法がなかった状態までさかのぼり、一から新たな法を作り直すことを意味するのです。

したがって、人生も社会も、行き詰まったなら、一度壊してしまえばいいのです。そして一からやり直す。たしかに大変勇気のいることですが、そうすることではじめてうまくいくのなら、試してみる価値はありそうです。

69

ポスト構造主義の旗手

デリダ

差延

物事の根源に差異化の運動があると考えよう

このような差延は、遅延としてのdifférer〔延期する〕と差異の積極的な働きとしてのdifférer〔異なる〕とへの分離以前のところで考えられねばならない。

『声と現象』

私たちはどうしても唯一絶対の価値が存在するかのように考えてしまいます。一つの答えを出すことに慣れ過ぎたせいかもしれません。学校では予め正しい答えが用意されていて、それを探し出す作業を強制されるからです。あたかもそれ以外の答えは存在しないかのように。でも、はたしてそうなのでしょうか。この世に唯一絶対の価値などあるのでしょうか。

この唯一絶対の価値に疑問を投げかけるのが、デリダの差延（différance）という概念です。差延とは、一言でいうと違いを生み出す原動力のようなものです。冒頭の名言にあるように、フランス語の動詞 différer が、「延期する」と「異なる」の二つの意味を持つことから、デリダがこれをもとにつくった造語です。

考えてみると、この世に存在するものは、すべて常にほかのものと違うから意味を持ち得ます。そうすると、そのような違いを生み出す運動こそが、物事の根源であるということになります。いや、いかなる根源的なものにも先行するものこそ、この差延作用であるというべきでしょう。

そんな差延の概念には、近代までの西洋の哲学に支配的だった唯一絶対の価値を否定する意図があります。西洋哲学には、たとえば他我よりも自我が正しく、偽よりも真が正しいなどとする価値観が横たわっています。

しかし、自我と他我を見てもわかるように、自我の存在を確認するには、今現在の自分ではなく、過去の自分を基準にしてはじめてそれが可能になります。過去の自分に比して今の自分はどうなのかが判断できるというわけです。ここで注意しなければならないのは、過去の自分というのは、今の自分から見れば他者であるという点です。したがって、自我は他我に負っているということになります。

自我が優位に見えるけれども、実は自我は他我のおかげで存在している。言い換えると、同一者は他者との差異においてのみ構成可能だということです。あるいは、過去の自分と現在の自分との比較といった自分自身における反復を介してのみ構成可能なのです。

この理屈は真偽や善悪にも当てはまります。偽があるから真が規定でき、悪があるから善が規定できる。そのように理解すると、正しいと思われる価値ですべてを統一することはできなくなります。結局、この世に唯一絶対の価値などないということです。差延の概念によって、西洋哲学の大前提は崩れてしまったといってもいいでしょう。

70

生成変化の哲学者
ドゥルーズ
■リゾーム■
根っこのごとく柔軟に思考しよう

リゾームのどんな一点も他のどんな一点とでも接合されうるし、接合されるべきものである。

『千のプラトー』

フランスの思想家ジル・ドゥルーズ（1925-95）と精神分析家フェリックス・ガタリ（1930-92）は、いくつかの共著書の中で、たくさんの概念を創造してきました。その一つがリゾームという概念です。それは新しい思考法といってもいいでしょう。

私たちは論理的思考に馴らされているので、一本の道をたどるように、硬直的に物事を考える習慣があります。それはそれで大事なのですが、もっと柔軟に考える方法はないものでしょうか。実はリゾームこそ、その柔軟に考えるための方法といえるのです。

リゾームはトゥリーという概念とセットで対比して論じられます。トゥリーとは文字通り樹木のことです。ただ、ここでは樹形図のような発想を指しています。これに対してリゾームとは、もともとは地下茎の一種である根状茎を意味しています。こちらは中心を持たないネットワーク状のものを指しています。

これらは人間の思考法の二つの典型なのです。トゥリーは、これまでの西洋社会を支配してきた思考法です。幹から枝が分かれていく樹形図は思考法だともいえます。典型的なのは生物を分類するあの図です。

具体的な思考法としては、しっかりとした基本原則を立てて、あくまでもそれを基準として、そこからいくつかのパターンや例外を考えていくというものになります。これは従来からある思考法であり、なじみやすいと思います。分類という作業は、だいたいこのトゥリー型の思考法によっています。

リゾームのほうは、冒頭の名言からもわかるように、中心どころか始まりも終わりもないネットワーク型の思考法だといえます。特徴としては、全体を構成する各部分の自由で横断的な接続であって、それによって生じる異種混交状態だということができます。

また、リゾームは新しい部分が接続されたり切断されたりするたびに、性質を変える多様体でもあります。いわば接続とともに変化していくわけです。これは「多様体は外によって定義される」と表現されています。外から加わる線によって形が変わるということです。

新たなものが接続することによって、全体の性質が変わってしまうことを意味しています。具体的には、脳のシナプスやソーシャルメディアのつながり図をイメージしてもらえばいいと思います。こうしたリゾーム思考こそが、合理的思考の硬直性を打ち破って、柔軟な思考を可能にするのです。

71

公共哲学の祖

アーレント

■全体主義■

全体主義を自ら招かないように気をつけよう

全体主義運動は大衆運動であり、それは今日までに現代の大衆が見出し自分たちにふさわしいと考えた唯一の組織形態である。

『全体主義の起原』

ハンナ・アーレント（1906-75）は、アメリカで活躍した女性の現代思想家です。ユダヤ系であったためナチスの迫害に遭い、ドイツからアメリカに亡命してきました。『全体主義の起原』は、その名の通り全体主義発生のメカニズムを分析したものです。そこで論じられているのは、アーレントが体験した反ユダヤ主義であり、帝国主義であり、全体主義にほかなりません。

全体主義については、第三部で詳細に論じられています。アーレントによると、二十世紀というのは、まず国民国家の解体が生じた時代だといいます。それによって人々の人権が脅かされるようになります。ユダヤ人問題もその一つです。

そして何より問題なのは、階級社会が解体し、大衆社会が誕生したことです。というのも、大衆社会では組織化されていない個々バラバラのアトム化（原子化）した大衆たちが、政党によって動員されるのではなく、ある種の運動によって動員されてしまうからです。

アーレントによると、大衆はアトム化によって社会の中に居場所を失ったばかりか、共同体的な人間関係の全領域をも失ってしまったといいます。こうした背景の上に全体主義は成立し、展開していったというわけです。

大衆を動員した全体主義の運動は、もはや支配の継続だけを目的化していきます。そのための手段として、虚構の世界を与えるイデオロギーと、それを強制するためのテロル（恐怖政治）とが用いられるようになります。全体主義の敵は安定した社会であって、それを避けるためには、常に社会を不安定な状態に保つ必要があるのです。大衆に対する脅迫が全体主義を支えているのです。この理論を現実のものとして実践した支配機構こそが、ナチズムとスターリン主義だったのです。アーレントはこうした諸特徴をとらえて、全体主義をこれまで一度も存在しなかった新しい国家形式であると結論付けています。

つまり、階級社会崩壊後、人々の無関心が大衆社会をもたらしたことで、そこに付け入る隙が生じたということになります。したがって、イデオロギーに支配されてしまわないためには、一人ひとりの個人が、社会に関心を持つ、積極的にかかわっていくしかないでしょう。その意味で二十一世紀の私たちもまた、全体主義に陥る危険性の中を生きているのであって、自ら全体主義を招いてしまうことのないよう、アーレントの警鐘に耳を傾け続けなければなりません。

公共哲学の祖

アーレント

■活動■

活動によって公共世界に姿を現そう

人びとは活動と言論において、自分がだれであるかを示し、そのユニークな人格的アイデンティティを積極的に明らかにし、こうして人間世界にその姿を現わす。

『人間の条件』

アーレントは公共哲学の祖だともいわれます。それは彼女が著書『人間の条件』の中で、政治活動に参加することの意義を訴えかけたからです。彼女は人間の営みを三つの概念に分類しています。「労働（レイバー）」、「仕事（ワーク）」、「活動（アクション）」の三つです。

普段私たちは労働と仕事を区別することは少ないと思います。アーレントによると、労働とは生きるために必要とされるものをつくり出す営みで、仕事のほうはすぐには消費されることのない「工作物」をつくる営みだとされます。彼女はこの着想を台所とタイプライターから得たそうです。食事をつくるのが労働のイメージ、タイプライターで本を書くのが仕事のイメージのようです。

つまり、労働は人間の生活に必要不可欠なものを生み出す営みで、仕事は耐久性のあるものを生み出す営みなのです。ただ、この二者の区別はユニークではあるものの、あまり重要ではありません。

それよりもここで着目したいのは、「活動」という三つ目の営みについてです。

これは「直接人と人との間で行われる唯一の活動力」だといわれます。政治活動を指してはいるのですが、政治活動が特別なものである日本の感覚に照らすと、どちらかというと草の根の市民活動といったニュアンスです。いわば社会への貢献活動です。では、どうしてこれが労働や仕事と並べて挙げられているのでしょうか？

それはアーレントが、「活動」を労働や仕事同様、もっと日常的な日々の営みに取り入れるべきだと考えたからにほかなりません。そうすることで社会が活性化すると考えたのです。アーレントは全体主義の原因に、人々の社会への無関心があったと見ているので、活動の重要性を訴えたわけです。

では、なぜ活動によって人は社会に関心を持つのか。アーレントによるとそれは、人間が活動とそれに不可欠の言論においてはじめて自分が誰であるかを示し、そのユニークな人格的アイデンティティを明らかにするからです。たしかに、日々の労働や仕事のルーティンの中では、その必要すらないことがほとんどです。

そしてアーレントは、それこそが人間世界に姿を現すことだといいます。言い換えると、活動こそが人を公共世界へといざなうということなのでしょう。アーレントが公共哲学の祖と称されるゆえんです。

73

沖仲仕の哲学者

ホッファー

■労働■

自分は何のために働くのか問い直そう

人間には、必要なもののためより不必要なもののために努力し働こうとする気持が強い。

『波止場日記』

エリック・ホッファー（1902-83）というアメリカの哲学者をご存知でしょうか？　彼の場合、人生自体がとても魅力的なので、まず簡単に紹介しておきたいと思います。というのも彼の人生イコール哲学といってもいいくらいだからです。彼は七歳のときに原因不明の失明をし、また母を失います。その結果、まったく教育を受けずに子ども時代を過ごすことになります。ところが、十五歳の時突然視力を回復するのです。

そこで、再び視力を失う不安から、貪るように本を読み始めます。ところが、生涯まともな教育は受けることはありませんでした。というのも、十八歳で父も亡くなり、貧民街で日雇いとして生きていかざるを得なかったからです。しかし、ホッファーは常に図書館が近くにある場所に住み、沖仲仕《おきなかし》（港湾労働者）として毎日働きながら、夜や休日に本を読み、ものを書きつづっていったのです。そうしたことから、「沖仲仕の哲学者」だとか「独学の哲学者」などと呼ばれています。晩年大学教授として招かれますが、授業をたまにするほかは港湾労働者を続けたといいます。

そんなホッファーが問い続けたのは、人間とは何かということです。彼の分析によると、太古の人間にも現代の人間にも共通するものがあるといいます。たとえばそれは、人間は遊びを本質とし、そこから労働が生まれたという点や、人間は自然と対立する存在だという点、人間は本質的に変化に抵抗する存在だという点などです。ホッファーは知識人の問題や大衆の問題について主に論じたと思われていますが、その根底には人間という存在に対する強い関心があったのです。

こうした洞察は、大量の読書から得られたものであることはもちろんですが、同時に労働者として日々人間を観察する中から育まれていった思想であることも間違いありません。彼の日記『波止場日記』には、ホッファーがいかに日々人間を理解していったかが具体的につづられています。そこには、毎日どれだけ働いたか、誰とどんな話をしたか、そしてどれだけ本を読み、どれだけ思索したかがつづられているのです。

冒頭の労働意欲に関する名言は、そんな日々の思索から生まれたものの一つです。何事にもとらわれることなく自由な生き方を貫いたホッファー。その生き方と哲学は、ワークライフバランスや働き方改革が叫ばれる今日の日本社会にも大きな示唆を与えてくれるものといえます。ぜひ皆さんも自分は何のために働くのか問い直してみてください。

74

フランクフルト学派を代表する哲学者

アドルノ

否定弁証法

まとめないように思考してみよう

> 主体は、これまで自分が非同一的なものに加えてきた犯行の償いをしなければならない。それによってはじめて主体は、自分が絶対的な自立存在であるという仮象から自由になる。
>
> 『否定弁証法』

ドイツの哲学者テオドール・アドルノ（1903-69）は、フランクフルト学派を代表する思想家です。彼のユダヤ系の出自であるため、ナチスから逃れて一時期イギリスやアメリカに亡命しています。「アウシュヴィッツ以後、詩を書くことは野蛮である」というフレーズも有名です。

そのアドルノが唱えたのが、否定弁証法という概念です。私たちはついつい物事をまとめようとします。そうでないとすっきりしないのです。だから強引にまとめてしまいます。しかし、そうした態度はときに暴力的な態度を伴うのです。

アドルノの否定弁証法は、まさにそのまとめないという態度を説くものだといっていいでしょう。これはヘーゲルの弁証法を否定する内容の哲学であるといえます。つまり、弁証法が矛盾を乗り越えて一つにまとまろうとする論理であったのに対して、否定弁証法はそれを拒もうとするわけですから。

実際、否定弁証法の軸となるのは、「非同一的なもの」という概念です。簡単にいうと差異のことです。彼は哲学的思考の「批判的自己反省」によって、同一的なものから非同一的なものへの転換を試みようとしたのです。

アドルノによると、弁証法が前提とする認識や思考というのは、目の前の対象と頭に描く概念の同一化を意味します。思考とは同一化にほかならないのです。どうしてそれがいけないのかというと、同一化してしまうと、異質で多様な他なるものを、都合よく変形させてしまうことになるからです。それは対象への概念の強制であって、暴力であるといえます。

冒頭の名言が犯行という表現を使っているのはそのためです。非同一的なものを同一化しようとする主体の認識が改められれば、主体も自分が絶対的に自立した存在であるという呪縛から解放されるだろうというのです。

とはいえ、思考というのは、目の前にある対象と言葉の概念を同一化、つまり一致させることなしに成り立たないのも事実です。そこで私たちが目指すべきなのは、暴力を伴わない同一化ということになります。

具体的には、常にまとめないように意識することです。自分自身の思考もそうですし、人に対してもそうでしょう。必然的にそれは開かれた態度につながってくると思われます。なぜなら、まとめないことでさえ、ひとたびそれを強要すれば、もうそこには暴力が生まれてしまうからです。

ドイツの良心

ハーバーマス

■コミュニケイション的行為■

合意のために理性を使おう

コミュニケイション的日常実践のなかに合理性が内在するためには、これを正当化する手段として議論の実践をおこなわねばならない。

『コミュニケイション的行為の理論』

ドイツの良心とも称される思想家ユルゲン・ハーバーマス（1929-）は、近代以前の理性を批判し、新たな理性のあり方を提案しました。これは特に議論が苦手な日本人にとって有益な理論といえます。日本人は、議論し始めるとどうしても口論になってしまったり、険悪なムードになってしまったりするからです。議論に求められる理想的な態度とはいったいどういうものなのでしょうか。

コミュニケイション的行為とは、いわば望ましい対話行為のことです。彼は、相手を説得するために理性を使うのではなく、あくまでも開かれた態度で相手の話を聞き、ともに何かを作り上げていこうとする態度が求められると主張しています。

相手を説得しようという理性は、人を目的達成の手段にしてしまうような道具的理性だといいます。それに対して、相手を尊重し、ともに合意を目指そうとする理性をコミュニケイション的理性と呼んで区別するのです。

議論する際、相手の立場を尊重しなければコミュニケイションは成り立ちません。そうしたコミュニケイション的理性に基づく対話は、目的を達するために命令や欺瞞などによって、力ずくで相手の意思決定に影響を及ぼそうとする戦略的な行為とは異なります。あくまでも相手に納得してもらったうえで、承認を求めようとするのです。

そのためにハーバーマスは、三つの原則が必要だといいます。つまり簡単にいうと、①参加者が同一の自然言語を話すこと、②参加者は事実として真であると信じることだけを叙述し、擁護すること、③すべての当事者が対等な立場で参加することです。

このハーバーマスのコミュニケイション的行為が素晴らしいのは、相互了解に共通の関心を抱く市民らが、対等な立場のもとに討議を行い、その過程において自らの判断や見解を変容させていくものとしてとらえている点です。議論することによってお互いに考えが変わる可能性があるということです。この点にこそ対話をする意義があるといえます。

ハーバーマスの掲げるそうした議論の作法は熟議と呼ばれ、彼もまた熟議をベースにした民主主義、熟議デモクラシーの確立を提唱しています。これはハーバーマス自身が、多くの思想家たちと長年論争し、実践してきたものでもあります。社会が分断し、大きく価値が対立する時代だからこそ、こうした合意のための民主主義が切に求められているといっていいでしょう。

76

ドイツの良心

ハーバーマス

■公共性■

市民社会の公共性を活性化しよう

いずれにしても、《市民社会》の制度的な核心をなすのは、自由な意思にもとづく非国家的・非経済的な結合関係である。

『公共性の構造転換』

ハーバーマスは公共哲学の祖の一人と称されることもあります。それは彼がまさに公共性について論じているからです。公共性という言葉自体は日本でもよく使われますが、それがどのような意義を有しているのかについて、じっくり考えることはあまりないと思います。多くの人は公共事業のイメージによって、国家が行う領域を指すものと思っているのではないでしょうか。

この点ハーバーマスは、国家の公共性に対抗する形で立ち現れてきた民間の公共性として「市民的公共性」という概念を掲げています。それは、財産だけでなく教養をも持ち備えたブルジョアジー（中産階級）によって形成された集団です。近代ヨーロッパには、サロンやコーヒーハウス（カフェ）といった議論の場が形成され、彼らは文芸批評を行っていました。それがやがて政治的な性質を帯びるように進展していったのです。

こうして形成された市民的公共性は、国家の活動を監視するものとして、公権力に対する批判の領域を担い始めます。さらに、いわゆる公論と呼ばれる公共の議論を形成し、それを政治的意思決定へと接続する役割を担い始めたのです。

他方でハーバーマスは、二十世紀半ばに公共性の概念が陥った問題も指摘しています。それはマスメディアをはじめとした経済的な影響力によって、再び市民的公共性が受動的なものとなり、国家の公共性への批判的機能を失っていった点です。これに対してハーバーマスは、各組織に組み込まれた個人が、内部から抵抗していくという提案をしました。

そうした考えが、自律的公共圏という概念につながっていったのです。最終的にハーバーマスは、公共性の担い手として、自由な意思に基づく非国家的・非経済的な連合やアソシエーションを位置づけるようになります。具体的には、社会運動、ＮＰＯ、ボランティア、市民フォーラムなどが挙げられます。こうした新たなアソシエーションが主体となって公論を形成し、積極的にデモクラシーを推進するとき、それは自律的公共圏の活動として再定義されるに至るのです。

ハーバーマスは、こうした市民社会のインフォーマルな公共圏が国家というフォーマルな公共圏と連携することで、政治的公共性の空洞化を防ぐ仕組みを想定しているわけです。したがって政治が弱体化する現代日本において論じられなければならないのも、まさにこの意味での公共性なのです。

77

現代リベラリズムの旗手

ロールズ

■正義■

正義の実現の仕方を考えてみよう

すべての人びとは正義に基づいた〈不可侵なるもの〉を所持しており、社会全体の福祉［の実現という口実］を持ち出したとしても、これを蹂躙することはできない。

『正義論』

現代リベラリズムの旗手ジョン・ロールズ（1921-2002）は、アメリカの政治哲学者です。現代において政治哲学を復権させた人物だといわれています。正義論がその代表的な理論です。ここでいう正義とは、いかにすれば公正な分配ができるかを問うものです。

公正な分配をしようとしても、人はつい自分の分だけは多くしてしまいがちです。だから社会は、いつまでたっても不公正なままなのです。いったいどうすれば公正な分配が可能になるのでしょうか？　そこでロールズが考案したのが、「無知のヴェール」という概念です。無知のヴェールとは、それをかぶるとあたかも自分自身の情報が遮断されてしまうという思考実験のことです。これによって、人は皆等しく合理的で、同じ状況に置かれているという状態が作り出せます。

この状態を「原初状態」と呼びます。そこで得られる合意が、公正であることを保障する初期状態のようなものです。無知のヴェールをまとうことで原初状態に置かれた人は、ようやく他人のことについても自分と同じようにとらえることができるようになり、真の正義とは何かを判断する前提が整うわけです。

では、具体的にはどのようにして真の正義を判断していけばいいのか。ここでロールズは、「正義の二原理」という基準を出してきます。第一原理は「平等な自由の原理」です。第二原理には、「機会の公正な均等原理」と「格差原理」があります。

まず第一原理によって、各人に平等に自由を分配すべきだとされます。ただし、ここでいう自由は言論の自由や思想の自由、身体の自由といった基本的な自由に限られます。

次に、第二原理の「機会の公正な均等原理」によって、社会的・経済的不平等については、ある地位や職業に就くための機会の均等が保障されている場合にのみ認められるとします。それでも残る不平等が、第二原理の「格差原理」によって調整されます。

この場合、格差原理による調整はどのようになされるのか。ロールズは、不平等が許されるのは、最も恵まれない人が最大の便益を得るような形でなされる場合に限られるといいます。つまり、才能に恵まれた人は、偶然にそのような才能を与えられたにすぎないのだから、不遇な立場にある人に自らの便益を分け与えるべきだという発想です。公正な分配はこうしたプロセスを経て、はじめて可能になるのです。

78

リバタリアニズムの主唱者

ノージック

■リバタリアニズム■

国家の機能はどこまで小さくできるか考えてみよう

暴力・盗み・詐欺からの保護、契約の執行などに限定される最小国家は正当とみなされる。それ以上の拡張国家はすべて、特定のことを行うよう強制されないという人々の権利を侵害し、不当であるとみなされる。

『アナーキー・国家・ユートピア』

アメリカの政治哲学者ロバート・ノージック（1938-2002）は、リバタリアニズムの主唱者として知られています。リバタリアニズムとは、自由尊重主義とも訳される政治哲学の用語です。ただ、リバタリアニズムといってもその内容は幅広く、国家をまったく廃止するという立場から、ある程度の国家のかかわりを認める立場まであります。そこで、ノージックの議論をベースに、国家の機能はどこまで小さくできるか考えてみましょう。

そもそもリバタリアニズムが広まったのは、ノージックが最小国家論を唱えたのがきっかけのようです。彼のいう最小国家論とは、国家を廃止しないまでも、その役割を国防や裁判、治安維持といった最小限にとどめようという主張です。ノージックは、暴力・盗み・詐欺からの保護、契約の執行などに限定される最小国家は正当とみなされるといいます。逆に、それ以上の拡張国家はすべて、特定のことを行うよう強制されないという人々の権利を侵害し、不当であるとみなすのです。

では、どうやってそんな最小国家が正当化されるのか。具体的には、自然状態、相互保護協会、商業的保護機関、支配的保護協会、最小国家といったいくつかの段階を想定しています。ただ、自然状態といっても、さすがに道徳的自然法として個人の権利が確立されている状態から考えます。

その次の段階が相互保護協会です。権利の実現が各自の自力救済に委ねられている状態では、個々の権利侵害が適切に解決されるかどうかが不確実であり、何をもって紛争の解決とするかについての見解の一致もありません。また、必要な実力が不足する場合もあり得るでしょう。そのため人々は、権利の保護と救済を確実にするための互助的な組織を結成することになるというのです。

人々はさらなる確実性と効率化のために分業していきます。権利実現のための専門機関と顧客契約を結ぶのです。そしてそこからサービスを購入するようになります。かくして一定の領域内に複数の商業的保護機関が併存する状態が生じます。

もっとも、自力救済の可能性がある限り、そこにはまだ誤りが生じ得ます。そこで保護機関はその誤りに対して処罰を実行することになるのです。これが実質上強制的な実力行使の独占に当たります。つまり、支配的保護協会の段階です。そして最終段階においては、最小国家という形をとって、無政府主義者にもほかの顧客と同様のサービスを提供することで、一つの領域内における治安・防衛・司法の独占が満たされるに至るのです。

79

コミュニタリアニズムの代表的論客

サンデル

■コミュニタリアニズム■

共同体の共通善を重視しよう

公正な社会には強いコミュニティ意識が求められるとすれば、全体への配慮、共通善への献身を市民のうちに育てる方法を見つけなければならない。

『これからの「正義」の話をしよう』

アメリカの政治哲学者マイケル・サンデル（1953-）は、コミュニタリアニズムの論客です。コミュニタリアニズムは、共同体主義とも訳される政治哲学の用語です。コミュニタリアニズムを主張する人たちをコミュニタリアンといいます。一九八〇年代アメリカで、彼らはそれまで隆盛だったリベラリズムを批判して、「リベラル・コミュニタリアン論争」を巻き起こしました。具体的には、コミュニタリアンによるリベラルへの批判は次の二点に集約することができます。

一つ目は、リベラリズムのいう「自己」の概念が、歴史や伝統、そして共同体といった文脈から切り離されたバラバラの個人を意味しているという点です。いわば負荷なき自己を前提としている点です。もう一つは、手続きの正しさを優先して、道徳や善に関する議論を放棄している点です。

逆にいうと、コミュニタリアニズムというのは、位置ある自己ともいうべき自己と共同体との相互の関係性をもとに、道徳や善に関する議論を行う思想だということができます。

もっとも、その中身は論者によって多少異なってきます。たとえば、サンデルによると、私たちは自分の属する共同体と深く関係を持つ存在であるといいます。それゆえに、共同体に対して愛着を持っているのです。そしてその成員によって育まれた共通善を重視します。いわばコミュニタリアニズムというのは、共同体における共通善に価値を置く立場であるということができるわけです。

ただ、注意が必要なのは、共同体の共通善に価値を置くといっても、決して個人の自由を排除するものではないという点です。その意味で全体主義とは異なります。つまり、コミュニタリアニズムは決してリベラリズムと相容れないものではなく、共同体の共通善と個人の自由のどちらをより重視するかという、程度の違いの問題なのです。

それでもよりどちらを重視するかによって、具体的に結論が変わってくることもあります。たとえば、市場主義の限界について論じた『それをお金で買いますか』の中で、サンデルは公正の観点と腐敗の観点という二つの視点から市場取引を見直すことによって、市場の道徳的限界、いわばお金で買うべきではないものの存在を明らかにしています。命や身体のように。これはまさに個人の取引の自由よりも共同体の共通善を重視する考え方だといっていいでしょう。

80

コスモポリタニズムの政治哲学者

ポッゲ

■コスモポリタニズム■

地球市民であることを忘れないようにしよう

我々は制度的改革のための、または現在の制度的不正義の犠牲者たちを保護するための努力に貢献することで、我々が集団として与えている害への貢献に対して補償することもできる。

『なぜ遠くの貧しい人への義務があるのか』

世界の貧困問題について政治哲学の分野で積極的に論じられているのは、コスモポリタニズムです。たとえばアメリカの哲学者トマス・ポッゲ（1953-）は、「最低限の義務」という概念を掲げることによって、国際正義の実現を提唱しています。

なぜ義務なのかというと、ポッゲにいわせると、先進国は世界の貧困層に害を加えているからです。より明確には、彼らの人権を大規模に蹂躙《じゅうりん》しているとまでいいます。もちろんポッゲも、対象を人権の欠損に限定したり、予見可能な場合に危害を限定してはいます。それでもやはり国際社会を支えている先進国の人たちは、人権が保障されない人たちに一層の窮状をもたらすような制度を放置しているという点で、危害を加えているといえるのです。

実際、先進国は途上国の政治の腐敗や人権問題を放置したまま、天然資源の供給を求めようとしています。ときには武器の売買にかかわることさえあります。こうした状況を解消することこそが、最低限の義務だということになるのです。

さらにポッゲは、「果たしうる義務」についても提唱しています。それは、グローバルな資源の配当という名の基金のことです。資源の生産の一％を途上国のサービスに役立てることで、地球上のすべての人に基本的なインフラを供給できるとの主張です。日本を含めた先進国で裕福な生活を送る人間は皆、ポッゲのいう最低限の義務を負っているのです。したがって、何もしないことは、その義務違反になってしまうのだと。

この義務の履行は、国家単位で行うことができます。いや、むしろ国家単位でしかできないといったほうが正確でしょう。グローバルな公共性は、今なお国家を主要なアクターとしているのです。残念ながら国際機関の多くは国家に強制する力は持っていません。ＮＧＯなどの国際的なネットワークも、環境分野の一部のＮＧＯが国家に影響を及ぼすほど力をつけてきているものの、まだ強制力を持つまでには至っていないのです。

今こそ偏狭的で利己的な理性主義を超えて、もっと寛容で利他的な理性主義が求められているといえます。それは国家の次元でも、グローバルな次元でも同じです。大切なことは、私たち一人ひとりが、コスモポリタン、つまり地球市民であるという意識を忘れないようにすることです。

81

新しい経済学の提唱者

セン

■コミットメント■

自分の気持ちとは関係なしに他人のために行動しよう

この意味で非-利己的なのは、共感に基づく行為であるよりはコミットメントに基づく行為である。

『合理的な愚か者』

アマルティア・セン(1933-)はインド出身の経済学者で、ノーベル経済学賞を授与された最初のアジア人です。経済学は世の中を発展させるための重要な学問であると認識されています。しかし、世の中は経済的発展と同時に貧困を生み出してもいます。はたしてそれが無条件に正しいといえるのでしょうか? もしそうでないとしたら、本当に正しい経済学とは何なのか。センのコミットメントの概念はそんな問いに答えるものです。

センは、従来の経済学がモデルとしている人間像を、「合理的な愚か者」と呼んで非難しました。つまり、従来の経済学では、自己の利益を最大化することを目的としており、その点では合理的かもしれないけれども、その目的から生み出される人間像は、単なる利己的な存在足らざるを得ないからです。それが諸悪の根源なわけです。そうして「純粋な経済人は事実、社会的には愚者に近い」と喝破します。

そこで、センが代替案として掲げるのは、社会的コミットメントができる個人です。それは、他者との相互関係を自己の価値観に反映させて行動することのできる人間像にほかなりません。冒頭の名言にもあるように、これは決して単なる共感とは異なります。共感はその人自身の効用の追求が、共感による行為によって促進されるという意味においてまだ利己的だからです。

では、コミットメントとは何か。センはまず、従来の経済学が前提としていたリベラリズムの中に、全員一致を目指すという原理と、個人の自由という相容れない二つの原理が存在することを指摘しました。これはセンのリベラル・パラドックスと呼ばれています。

この矛盾の解決策として、他人の権利を考慮して他人のために行動するという着想を得たのです。つまり、自己の権利を主張する前に、まず他人にどのような権利が与えられているか考えれば、全体の利益と個人の自由の間に矛盾は生じないはずだからです。そして、もし他人の権利が侵害されているような場合には、それを止めさせるためになんらかの行動に出る決心をするべきだといいます。それがコミットメントにほかなりません。

こうしてセンは新しい経済学を提案することで、私たち一人ひとりが積極的に社会にかかわり、貧困を解消し、人権を重視する社会の構築を目指したのです。

イタリアの行動する哲学者

ネグリ

■〈帝国〉■

グローバリゼーションの本質に気づこう

〈帝国〉とは、脱中心的で脱領土的な支配装置なのであり、これは、そのたえず拡大しつづける開かれた境界の内部に、グローバルな領域全体を漸進的に組み込んでいくのである。

『〈帝国〉』

アントニオ・ネグリ（1933-）とマイケル・ハート（1960-）の共著『〈帝国〉』は、二十一世紀最初の古典といってもいいほど世界中で話題になった名著です。ちょうどグローバルという言葉が人口に膾炙し始めて、新しい世界秩序の説明を人々が求めていたからでしょう。そしてあっという間に、グローバリゼーションやグローバリズムが日常用語にまで広がっていきました。

ネグリらの議論が話題になったのには、もう一つ理由があります。それは、〈帝国〉という概念が括弧つきで表現されているように、それが従来の国家や帝国の概念を超えたまったく新しいものであった点です。つまり〈帝国〉とは、かつての帝国主義を意味する概念ではなく、グローバリゼーションによってもたらされた新たな権力にほかならないのです。どこが違うかというと、帝国主義とは一般に、中心となる国民国家があって、その主権が拡張していく事態を指します。これに対して、〈帝国〉

にはそのような中心となる国家はなく、むしろ超国家的制度や資本主義下の大企業と、支配的な国家群がいずれも結節点となり、ネットワーク状の権力を形成しているのです。

別の言い方をするならば、〈帝国〉には権力の場所が存在しないのです。それは「非―場」であって、至る所に存在すると同時に、どこにも存在しないのです。だから〈帝国〉の支配には限界が存在しないともいいます。〈帝国〉は空間的な全体性を包み込む体制、あるいは「文明化された」世界全体を実際に支配する体制を提示しているのです。また、それゆえ〈帝国〉は、歴史の流れの中で一時的に支配力を行使するようなたぐいの権力ではなく、時間的な境界さえ持ちません。その意味で、歴史の外部ないしは終わりに位置するような体制だと表現されます。

さらに〈帝国〉は、人々の行為を規制するにとどまらず、人間本性を直接的に支配しようとします。つまり、社会的な生を丸ごと対象としているわけです。まるで巨大なアメーバが、すべてを飲み込んでいくようなイメージでしょうか。この得体の知れない巨大な権力こそがグローバリゼーションの正体なのです。

もちろんネグリらも、こうした新たな権力の存在を指摘するだけでなく、これに真っ向から対抗すべく、グローバルな民衆を意味するマルチチュードという概念を掲げてはいます。ただ、『〈帝国〉』が世に問われてから早二十年近くが経とうとしていますが、世界は無極化し、残念ながらますますネグリらの描いたとおりの状況になりつつあります。

現代功利主義の理論家

シンガー

■効果的な利他主義■

人助けの効果を最大化しよう

効果的な利他主義は、非常にシンプルな考え方から生まれています。「私たちは、自分にできる〈いちばんたくさんのいいこと〉をしなければならない」という考え方です。

『あなたが世界のためにできるたったひとつのこと』

オーストラリア出身の哲学者ピーター・シンガー（1946-）は、もともとは幸福の量を最大にするのが正しいとする功利主義の理論家として有名な人物です。特にそれを動物の幸福にまで広げた動物倫理の世界的権威とされています。動物実験や家畜の屠殺といった痛みを減らすことで、この世の幸福が増大すると考えるわけです。

そのシンガーが、近年提唱しているのが「効果的な利他主義」という概念です。つまり、人助けをするなら一番効果的な方法を取らなければいけないということです。もちろん人助けですから、どんな方法であろうがそれは正しいわけですが、より効果的なものがあれば、そっちのほうが正しいという議論です。これは必ずしも万人が納得する考え方ではないでしょう。

なかでも一番考えさせられるのが、「たくさん稼いでたくさん寄付するのと、効果的な慈善団体のスタッフとして働くのでは、どちらがいいでしょう?」という問いです。これに対してシンガーは、もしたくさん稼いでたくさん寄付するなら、そっちのほうが正しいというのです。

お金をたくさん稼いで寄付をしたほうが、人助けという目的を達成するにはいいということです。世の中を変えたいなら、地道に慈善事業をやっているより、金融街でドカンと稼いだほうがいいのだと。

でも、それではまるで自分がお金を稼ぐ機械になっているような気がするのも事実です。こうした批判に対してシンガーは、「与えるために稼ぐ」生活を送っている人たちは、そのこと自体にやりがいと誇りを感じ、充実した毎日を過ごしているというのです。そしてシンガーは、効果的な利他主義に対する批判は、二十年もすれば過去の遺物になると考えています。なぜなら、今後十年か二十年のうちに、与えるために稼ぐライフスタイルを選ぶ人が増えれば、この生き方が倫理に反するという意見は、次世代の生き方を理解できない古い世代のよくあるぼやきだと思われるようになるからだといいます。

もちろん効果的な利他主義が絶対に正しいわけではありません。あくまでこれは一つの考え方に過ぎません。ただ、人助けにはこういう選択肢もあることを知っておくことは有益なことだと思います。とりわけ価値観が多様化する今のような時代には。

84

思弁的実在論の旗手

メイヤスー

■思弁的実在論■

偶然は避けられないものだと考えてみよう

したがって今後、そのように理解された相関の乗り越え不可能な性格を認めるという思考のあらゆる傾向を、相関主義[*corrélationisme*]と呼ぶことにしよう。

『有限性の後で』

フランスの哲学者カンタン・メイヤスー（1967-）は、『有限性の後で』を発表し、一躍注目を浴びた人物です。メイヤスーらの思想は思弁的実在論と呼ばれ、この十年ほどの間に新たな潮流を築きつつあります。そもそも思弁的実在論という言葉が出てきたのは、二〇〇七年にイギリスのゴールドスミス・カレッジで開かれたワークショップがきっかけのようです。予めいっておくと、思弁的実在論とは、カント以来の物の見方を一新しようとする哲学的立場を指します。

メイヤスーは相関主義という概念を提起しているのですが、これは思弁的実在論の潮流に共通するキーコンセプトだといっていいでしょう。簡単にいうと相関主義とは、物事が人間との相関的な関係によってのみ存在し得るという考え方です。たとえば、人間に見えるからそこに存在するとか、人間にとって硬いから硬いんだというような発想のことです。すべての物事を人間中心に考える捉え方といってもいいと思います。

哲学の世界では、長らくこの相関主義を大前提にしてきました。ところが、メイヤスーはその前提に異議を投げかけたのです。相関主義を前提にすると、人間が認識できないものは、思考できないことになります。その思考できないものをカントは物自体と呼びました。コップは人間が見たりさわったりできる範囲では認識可能ですが、認識できない範囲になると知ることができません。

そして、人間の能力が有限である以上、そういう認識できない範囲は必ず存在するはずです。つまり、それがコップの物自体となるのです。いわばメイヤスーは、相関主義を批判し、そこから抜け出ることによって、この物自体を思考する可能性について証明しようとしたのです。

その際メイヤスーのとった方法は、なんと逆に相関主義を徹底するというものでした。人間中心に考える相関主義を徹底すると、人間には思考不可能な部分というのが必ず出てきます。そうすると、この世の中には人間の知らない部分が存在することになる。もしかしたら、この世界も今あるような形ではなくなってしまう可能性だってあるかもしれません。この世界がまったく偶然的に、別の世界に変化する可能性もあるということです。

かくして、『有限性の後で』の副題にある「偶然性の必然性」ともいうべき事態が生じることになるわけです。つまり、偶然の出来事は、必ず起こるということを意味しています。世界は、避けることのできない偶然性にさらされることになるというわけです。

ドイツの若き天才

ガブリエル

■新実在論■

存在するとはどういうことなのか考えてみよう

わたしの主張によれば、あらゆるものが存在することになる——ただし世界は別である、と。

『なぜ世界は存在しないのか』

マルクス・ガブリエル（1980-）は、ドイツの若き天才と称される新進気鋭の哲学者です。彼は『なぜ世界は存在しないのか』というベストセラーで鮮烈なデビューをはたし、「新実在論」あるいは「新しい実在論」と呼ばれる立場を一躍世に広めました。これは近代ドイツを象徴する哲学の一大潮流、ドイツ観念論を更新しようとする野心的試みだといわれています。

ガブリエルは、ある山が見えるというとき、実際に存在するその山だけを意味するのか、それとも色々なところからその山を見ているすべての人の視点をも意味しているのかについて、いくつかの立場を紹介したうえで、次のように自らの立場を表明します。

つまり、私たちの思考対象となる様々な事実が現実に存在しているのはもちろんのこと、それと同じ権利で、それらの事実についての私たちの思考も現実に存在しているのだと。

これは、この世界が観察者のいない世界でしかあり得ないわけではなく、また観察者にとってだけの世界でしかあり得ないわけでもないということを示すものです。私も車窓からしか富士山を見たことがありませんが、現実の富士山以外に、そんな私にとっての車窓からの富士山も存在するはずです。もっというと、富士山など見たこともない海外の人にとっても、その意味での富士山は存在しているといっていいでしょう。これが新しい実在論なのです。

このような前提に立って、数多くの小世界は存在するけれども、それらのすべてを包摂する一つの「世界」は存在しないという結論が導かれるに至ります。これが「世界は存在しない」ということの意味なのです。だからガブリエルは、他方で「世界以外のすべては存在する」と主張するわけです。

これは彼が「対象領域」と呼ぶものに関係しています。人間が理解できるのは、自分が対象にした領域だけだということです。ところが、世界はすべてを意味する概念ですから、人間がすべての存在を理解できない以上、そんなものは人間にとっては存在しないということになるのです。

かくしてガブリエルは、新実在論のことを、「意味の場の存在論」と表現するに至ります。私たちが認識する一切のものは、解釈されたそれぞれの意味においてはじめてその場に存在し得るということです。この人間の認識能力を問うところが、ドイツ観念論の系譜を感じさせる部分だといえます。

Tetsugaku BREAK TIME

4　古典の読み方

哲学といえば古典だと思っている人が結構います。カントの『純粋理性批判』だとかヘーゲルの『精神現象学』を読んでみたいという声もよく聞きます。ところが、たいていの人はチャレンジしてすぐ挫折します。

というのも、哲学の古典は難しいのです。だから入門書を手引きに読んだり、誰か詳しい人と一緒に読んでいかないと、なかなか理解できません。では、一人で読む意味はないのかというと、決してそんなことはないと思うのです。

たとえば、わかるところだけ飛ばし読みしてもいいと思いますし、あえて難しい文章を理解する訓練として読むなら、別に一人で読むことも可能です。一人だけで完全に理解しようとするから問題が生じるのです。

哲学の古典がすべてではないので、無理に全部理解しようとしなくてもいいと思います。古典は先人がたどった知の地図のようなものです。それをなぞれば、その先人が到達したところまでは行けます。でも、その先は自分で考えなければならないのです。それくらいの気持ちで読めばいいのではないでしょうか。

もちろん簡単に読めるエッセイ風のものもあるので、そういうものから親しんでいくのもいいかもしれません。三大幸福論やモラリストの本、そのほかプラトンの対話篇などがお勧めです。

第5章

東洋の哲学（中国、日本）

86

儒家の開祖

孔子

仁

私心なく物事を洞察しよう

子の曰わく、人にして仁ならずんば、礼を如何《いかん》。人にして仁ならずんば、楽《がく》を如何。

『論語』

東洋の哲学からも学べることはたくさんあります。まずは中国哲学です。一番有名なのはなんといっても孔子（B.C.552-B.C.479）でしょう。春秋戦国時代の思想家で、儒家の開祖とされています。当時は諸子百家の時代といわれ、多くの思想家が現れましたが、その中で抜きんでたのが儒家でした。その教え儒学は後に国教化されて儒教となりますから、孔子もその教祖として祭り上げられています。その孔子の言葉をまとめたものが、中国哲学の最高傑作にして、最も有名な書物『論語』です。論語とは、議論の答えという意味である通り、基本的には孔子が議論の結果として答えた内容が記されています。

その『論語』の中でも一番の徳目とされているのが仁です。仁とは人格の高さを指す言葉で、もともとは人という漢字と同じものとして扱われていて、人間的であるというような意味だったのが、春秋時代に仁として確立されていったようです。仁は一般に愛情や憐みという意味で使われていますが、最初は家族における愛情を対象としていました。それが次第に政治にまで広げられたのです。

このように仁は基本的には人間関係を規定するために必要な道徳であり、その場合の人間関係とは、相手に対してどう振る舞うのが正しいかという倫理だといえます。現に孔子も人として仁が欠けていると礼をどうすることもできないといっています。冒頭の名言がそれです。訳すと次のようになります。「人として仁でなければ、礼があってもどうしようぞ。人として仁でなければ、楽があってもどうしようぞ」。礼もまた孔子が重視する徳目の一つで、正しい振る舞いのことを意味し、楽は儀礼で重視されていた音楽を意味しますが、それも仁次第だというのです。

したがって、仁は他者に対してふさわしい反応をするための洞察力を含むといっていいでしょう。つまり、仁によってその都度求められる適切な対応を洞察することではじめて、正しい行いとしての礼が可能になるわけです。逆にいうと、仁によってきちんと洞察ができていないと、人間関係はぎくしゃくしたものになってしまうということです。

このことは、「惟《た》だ仁者のみ能《よ》く人を好み、能く人を悪《にく》む」と孔子がいっていることからもわかります。つまり、仁を持っている人だけが私心がないので人を正しく愛することができ、正しく憎むことができるというわけです。人を見る目も仁が備わっているかどうかにかかっているのです。

性善説の思想家

孟子

性善説

人間はもともと善だと信じてみよう

仁義に由《よ》りて行なう。仁義を行なうに非《あら》ざるなり。

『孟子』

中国の思想家孟子（B.C.372?-B.C.289）は、儒教では孔子に次いで重要な人物とされています。「孔孟の教え」とも称されるほどです。その言行をまとめた書『孟子』では性善説を主張し、仁義による王道政治を理想としました。

ただ、戦乱の世にあって、孟子の理想にすぎる思想は、いずれの諸侯からも非現実的であるとして退けられてしまいます。そこで、やむなく学問と教育に尽力したわけです。孟子の性善説は、人間にはもともと善の芽が備わっており、その芽をきちんと育てることで有徳な人間になるとする思想です。だからこそ環境の大切さを説いたのです。

それでは、孟子の思想の大きな二つの柱を見ていきましょう。性善説と王道政治です。性善説とは人間の本性は善であるとする考えです。だからその善の芽を育てるために修養が必要だと説くのです。

冒頭の名言も性善説を表すものといえます。訳すと次のようになります。仁や義といった徳はもともとあるもので、わざわざやるものではない。

仁も義も儒家にとってもっとも大事な徳の一つですが、それはあたかも自分の外にあるルールのように思われてしまっています。ところが、孟子はそれらは自分の心の中にある徳なのだから、選んで行うようなものではないと戒めるのです。自分の外部にある規範だとやらされる対象になりますが、自分の内部にある規範は進んでやりたいと思うものになるはずだと。人の中に潜在する善の可能性をどこまでも信じようとする孟子らしい言葉だといえます。

あるいはこんな言葉もあります。「求むれば則ち之れを得、舎つれば則ち之れを失う」。これは徳を求めれば得ることができるけれども、捨てれば失ってしまうという意味です。つまり、孟子にいわせると、仁・義・礼・智といった徳は、もともと人間に備わっているものなので、それを高められるかどうかは心がけと努力次第だというわけです。

もう一つの柱である王道政治とは、仁と義の二つの徳に基づく政治のことです。王道の反対は力づくで押さえつけようとする覇道ですから、王道は人々が自ら律していく政治にほかなりません。

そのことをストレートに表現しているのが、「徳を以て仁を行う者は王たり」です。徳をもって仁政を行う者、つまり王道を行う者が真の王者だということです。しかし残念なことに、孟子のこの理想主義は、戦国時代の王たちの耳には届かなかったのです。

88

道家の始祖

老子

無為自然

何事にもさからうことなく生きよう

上善は水の若《ごと》し。

『老子』

老子（生没年不明）は中国の春秋戦国時代の思想家といわれ、道家《どうか》の始祖とされる人物です。後の時代に興った道教では、老子を神聖視して教祖に位置づけています。老子という呼び名は、偉大な人物を意味する尊称です。その来歴については不明な点が多く、実在性を疑問視する声もあります。

著書とされる『老子』は、全部で五千字ちょっとの文字を八十一章に分けた箴言スタイルの思想書です。『老子』は別名を『道徳経』というように、道と徳について説くものです。道家という名称もこの道から来ています。道自体は儒家も論じているのですが、その場合の道は、社会規範を表していますす。これに対して『老子』における道（日本ではよく「タオ」と呼ばれている）は、万物の根源を意味するものです。

万物の根源である道から、こうあるべきという徳が説かれているわけです。具体的に見ていきましょう。まずは老子の根本思想が表現されている一節からです。「無名は天地の始めなり」。万物の根源である名のないもの、つまり道が、天地の始めであり、万物の母であるという意味です。

あるいは、「有の以て利を為すのは、無の以て用を為せばなり」。有というものが世の中に利益をもたらすのは、それに先立って無というものが役に立っているからだという意味です。このように、老子の思想では有よりも無を重視する点で、西洋哲学の根本思想と正反対のものであるといえます。西洋では有のほうが無よりも役立つと考えますから。

こうした基本思想のもと、『老子』には生き方としての徳が説かれています。冒頭の名言「上善は水の若し」は象徴的なものの一つといっていいでしょう。訳すと次のようになります。最も優れた物事のあり方は、水のようなあり方である。

老子はとにかく自然や物事にさからわないように生きるのがいいという基本的な考え（無為自然）を持っています。その点で水は、物があればよけて流れていくだけで、争うことがありません。しかも高い方に無理に上っていくのではなく、低い方へと流れていきます。この水のようなあり方こそが、人間の態度としても理想だというわけです。

あるいは、「善行は轍迹《てっせき》なし」もその一つです。最もよい歩き方は、歩いた跡を残さないことだという意味です。足跡を残そうとやっきになっている現代人にとっては、なんとも心の落ち着く清涼剤のような言葉です。きっとこの癒しの言葉の数々が、疲れた現代人の心をとらえて離さないのでしょう。

89

達観主義の思想家

荘子

万物斉同

あらゆる物事はすべて同じととらえてみよう

> 知らず、周の夢に胡蝶と為るか、胡蝶の夢に周と為るか。
>
> 『荘子』

荘子（B.C.369頃-B.C.286頃）もまた道家に属す人物です。荘子の思想は『荘子』から知ることができます。基本的に彼もまた老子と同じく無為自然を説き、人為を否定します。その点で、老子の思想と合わせて老荘思想と称されますが、荘子の思想のほうがより徹底した達観主義だといえます。一言でいうと、運命に抗っても仕方がないとする運命肯定論だといっていいでしょう。

その荘子の思想を象徴するのが、万物斉同《ばんぶつせいどう》の概念です。万物は道の観点から見ればすべて価値的に等しいという主張です。冒頭の名言は「胡蝶の夢」の名で知られる一節で、まさにそれを表すものです。訳すとこうなります。はたして自分が夢の中で蝶になったのか、それとも蝶が夢の中で自分になったのかどちらかわからない。

つまり、蝶になった夢を見たとき、普通は自分が蝶の夢を見ていると考えるわけですが、荘子はそうとも限らないというのです。逆に蝶が夢を見て自分になっている可能性だってあるじゃないかと。すべての存在には違いはないとの主張です。

この理を示すために、まず荘子は物事の真理をいかにしてとらえるべきか問います。ここで一般的に分かるということは、物事を分ける、つまり二分して分析することなので、人為によるものだと考えます。しかし、たとえば自分がいる場所をここ、いない場所をあそことすると、自分が移動することでここ とあそこが入れ替わってしまいます。つまり、こうした区別は人間に対してのみ存在する相対的なものにすぎないというわけです。

このように、人間という局限された立場を離れることで、世界は二元的に対立するものではなく、斉しくて同じ一つのものになる。これが万物斉同の発想にほかなりません。こうした発想をするためには、物事を二つに分けて考えようとする人為を取り払い、無為を求める必要があります。

ただし、この場合の無とは有と区別されるものではない点に注意がいります。なぜなら、無と有を区別するとまた二元的な対立を認めることになってしまうからです。むしろこの無は有をも包み込む無限であると解釈すべきなのです。

無限であれば、相対的な区別は不要です。そして荘子は、こうした無限こそが道であると理解するのです。その意味で、人間はもはや何に逆らっても仕方ないということになるわけです。

兵家の代表的思想家

孫子

■兵法■

戦わずして勝つ方法を考えよう

彼《か》れを知りて己《おの》れを知らば、百戦して殆《あや》うからず。

『孫子』

中国の思想家孫武（B.C.535?-?）は、兵家の代表的人物です。孫子は彼の尊称であり、兵法に関する著書のタイトルでもあります。彼は『孫子』を読んだ呉王に将軍として採用され、自らの思想を実践します。そして見事成果を収めて呉を強国にのし上がらせたことで、世間に名を知られるようになりました。

『孫子』は、中国の七大兵法古典といわれる武経七書の中で最も有名なものだといっていいでしょう。『孫子』が世に出る前は、戦争の勝敗などというものは天運に左右されると考えられていました。ところが、自らも軍師であった孫武が、戦争の記録をつぶさに研究し、むしろ勝敗は人為によることを突き止めます。それを理論として提示したのが『孫子』だったのです。

内容は多岐にわたっていますが、たとえば戦争を決断する前に考慮しなければならないことや、戦争の準備、また実際の戦闘をすることなく勝つ方法、具体的な戦闘方法等々、合計十三篇に分けて書かれています。

総合していえるのは、孫子がただ戦に勝てばいいとは考えていなかった点です。むしろ、いかにして戦わずして勝つかを指南しようとしていたのです。それは次の一節を見るとよくわかります。「兵は国の大事なり。死生の地、存亡の道、察せざるべからず」。これは、戦争は国の一大事であって、民が生きるか死ぬか、国が亡びるかどうかを左右する。だから慎重に考えなければならないという意味です。

冒頭の名言「彼を知りて己を知らば、百戦して殆うからず」も、そのように解釈することができます。文字通り訳すと、敵のことをよく知り、自分のこともよく知っていれば、百回戦ったとしても毎回勝てるという意味になります。でも、敵や自分の情報をよく知ることで何が有利になるかというと、無駄なことをしなくて済むという点です。孫子が本当にいいたいのはそのことなのです。

どんな戦であっても、またいつの時代の戦であっても、犠牲は出したくないものです。だからこそ『孫子』の兵法はビジネスをはじめあらゆる分野で参照され続けているのです。

法家の代表的理論家

韓非子

■法■

法で支配することの意義を考えよう

治を為す者は、衆を用いて寡《か》を舎《す》つ。故に徳を務めずして法を務む。

『韓非子』

韓非（B.C.280?-B.C.233）は、中国の思想家の中でも法家の代表的人物です。韓非は、後に秦の宰相となった李斯とともに荀子（性悪説を唱えた儒家の思想家で、孟子のライバル的存在）に学んだとされます。荀子の礼による強制を一歩進めることで、法治主義を唱えるに至ったのです。

その著書『韓非子』は、法家の理論を集大成したものです。もともと『韓子』と呼ばれていたのが、唐の韓愈と区別するために、後の時代になって『韓非子』と称されるようになったようです。

法による統治術を説くその思想は、冒頭の名言にあるとおり、現実主義に基づいています。訳すと次のようになります。政治を行う者は、多数者が従う方法を採用して、少数者しか従わないような方法はとらない。だから徳に頼らず法を用いるのだ。

これが秦の始皇帝の目にとまり、実際に採用されるに至ります。あの秦の始皇帝に、「寡人此の人を見て之れと游ぶを得ば、死すとも恨みず」といわしめたほどです。その内容も始皇帝好みの厳しいものです。たとえば、「賞罰信ならず、故に士民死せざるなり」という一節のように。これは、賞罰が厳正に行われていないから、民は君子のために一命を投げ出そうとしないのだという意味です。

あるいは、「虎の能く狗を服する所以の者は、爪牙なり」。虎が犬を服従させることができるのは、爪があり、牙があるからだという意味です。つまり、君子も刑罰という武器がないときちんと統治することができないといいたいわけです。

法というよりも君主のあり方を示しているように聞こえますが、それもそのはず、『韓非子』はマキアヴェッリの『君主論』と比較され、「東の韓非子、西のマキアヴェッリ」と称されるほどなのです。現に、君主の心得についてもかなり論じています。「民に蔵して、府庫に蔵せず」とか、「好みを去り悪《にく》みを去れば、群臣、素を見《あら》わす」のように。前者は、聖人の政治はよい民を多く持つことであって、欲張って政府の蔵を富でいっぱいにすることではないという意味です。そして後者は、下の者たちが迎合するから、君主は自分の好き嫌いを表に出してはいけない。そういうものを隠してはじめて、下の者は本心を見せるという意味です。

西洋社会でリーダーたちがマキアヴェッリの『君主論』を実践しているように、中国のリーダーたちも『韓非子』を実践しているはずですから、中国ビジネスに携わる人は彼らの帝王学をよく知っておかなければなりません。

92

京都学派の創設者
西田幾多郎

善
自他の区別を超えよう

善とは一言にていえば人格の実現である。

『善の研究』

東洋の哲学、最後にご紹介するのは日本の哲学です。西田幾多郎（1870-1945）は、京都学派の創設者として世界にその名を知られる哲学者です。京都帝国大学教授として多くの弟子や仲間たちとともに、日本独自の哲学を構築していきました。彼が思索して歩いた銀閣寺近くの小道は「哲学の道」として、観光名所になっています。

西田哲学の特徴は、西洋の思想に自らも実践していた禅の思想を融合させたような、独特のものです。その成果ともいえるのが、一九一一年に発表された『善の研究』です。非常に難解な内容ながら、当時のベストセラーになっています。

この本で彼は、「疑うにも疑いようのない直接の知識」とは何かを追求しようとしたといいます。その答えが、主観と客観とにまだ分かれず、〝知・情・意〟の区別もまだない「純粋経験」だったのです。

何かと接した時、人はそれを経験することになるわけですが、その直前の段階があるはずだというのです。その経験する直前の段階というのは、いわば自己が対象と一体となって混在している状態です。経験に入る前の原初の状態だといってもいいでしょう。物事を意識する前の忘我状態みたいなものです。理論的にはそういう瞬間が考えられるということです。

西田は、その純粋経験の先に人格の実現としての「善」を発見したのです。これが本のタイトルの意味でもあります。では、善とは何か？　西田はずばりこういいます。「善とは一言にていえば人格の実現である」。

つまり、善とは人格が実現することだというのです。しかもそれは意識の統一であり、自他の区別をしない感覚であり、個人が人類一般の発達に貢献することであると。あるいはこうともいっています。善とは真の自己を知ることだと。真の自己とは宇宙の本体であり、それは主客合一《しゅかくごういつ》によってはじめて得られるものです。

そんなことをいうと大変なことのように聞こえますが、西田は誰でもできると断言します。なぜなら、道徳に関することは自分の心の中で完結する話だからです。そう聞くとたしかにほっとします。自分次第なのですから。人間は、何か対象に接すると、それと自分の意識とをかかわらせます。その結果として、自らの人格を形成していく存在なのです。その頂点が善ということになるのでしょう。結局、西田の哲学は、私たちがいかに生きるべきかを説いているものだといえそうです。

93

京都学派の創設者

西田幾多郎

■場所■

意識の現れる場所を想起してみよう

我々が物事を考える時、これを映す如き場所という如きものがなければならぬ。

「場所」

西田幾多郎は、『善の研究』の後、対象と意識のかかわる場所に着目するようになります。そうして「場所」という論文を書くのです。そこでは、意識と対象とが関係するには、両者を内に含むものがなければならないとして、その両者の関係する場所を想定するわけです。いわば何らかの対象について思考する際の、意識の現れる場所について論じたのです。

もちろん、ここでいう場所は、物理的な空間ではありません。その証拠に彼は、「無の場所」と呼ぶ観念的な場所についても論じています。それは有無の対立をも超越して成立する場所だといいます。つまり、真の意識とは、あらゆるもの同士、あらゆる概念同士の対立がなくなる場所において現れるということです。もはやそれは無限のアリーナといってもいいでしょう。その場所ではすべてが一度混在したような状態に陥るのです。

たしかに物事をとらえようとするとき、私たちの意識はその対象となる物事を把握しようとして、内側に取り入れます。ただ、物事には大小さまざまなものが存在します。なかには無限の大きさを持つものもあるでしょう。とするならば、その対象を取り込む場所も無限の大きさでなければ、対応できないはずです。だから西田は、その場所を「絶対無の場所」と呼んだのです。

西田は、限定された「有の場所」においては「単に働くもの」、つまり意識にも至らない心の働きが見られ、「対立的無の場所」ではいわゆる「意識作用」が見られ、「絶対無の場所」においては「真の自由意志」を見ることができる、といいます。場所の態様によって、見られるものが異なってくるのです。「単に働くもの」「意識作用」「真の自由意志」の順に、段階がレベルアップしていくことになります。

だから人は、自分の「絶対無の場所」に到達することができれば自由になれるのです。なんでも理解することができるのです。もし仮に西田のいう絶対無の場所が、本当に私たちに真の自由意志を与えてくれるのであれば、対立する物同士を同時に存在するものとしてとらえることも許されるはずです。

別の言い方をすると、矛盾したものが同時に存在し得る概念上の共通の土台こそが、絶対無にほかならないのです。考えてみると、世の中に存在するものはすべて矛盾の上に成り立っているわけですから、絶対無は世界を理解するための土台だということもできるのかもしれません。

日本の倫理学の父

和辻哲郎

■間柄■

自分とは個人にして社会であることに気づこう

簡単に言えば、我々は日常的に間柄的存在においてあるのである。

『倫理学』

和辻哲郎（1889-1960）は、和辻倫理学とも呼ばれる新しい学問を樹立した日本の倫理学の父といっていいでしょう。では、そもそも倫理とはどういう意味なのか。最初に和辻が強調しているのは、それは決して個人の意識ではないということです。そのような発想は、近世の個人主義的人間観に基づく誤謬だといいます。

そうではなくて、倫理は人間の共同存在をきちんと成立させるための秩序、道にほかならないというわけです。なぜなら、倫理の「倫」の字は人間存在における「きまり」、つまり秩序を意味しており、「理」の字は「ことわり」、つまり道を意味しているからです。

こうした理解のもと、「間柄《あいだがら》」の概念を中心に据えることになるのです。間柄とは「個人にして社会であること」だといいます。単純にいうと人間関係のことだと思ってもらえばいいでしょう。

　和辻は、個々の人間がいるから間柄が成立すると同時に、間柄があるからこそ個々の人間が成立し得るという二重の関係があると考えています。人は事実として他者との関係性の中で生きています。だからこそ和辻は、間柄に注目するわけです。ところで、天災などが起こると、日本人はよく助け合います。海外からはこの連帯が高く評価されます。こうした日本人の連帯の背景に、和辻のいう間柄があるのではないでしょうか。

　間柄が個人に先立つことによって、お互いに助け合うのが当然のこととなるのです。ただ、誰とでも助け合うわけではありません。やはりそこには信頼が必要なのです。同じ共同体の仲間として信頼し合えるから助け合うのだといっていいでしょう。面白いのは、その信頼の根拠として和辻が時間の概念を持ち出している点です。

　つまり、過去の信頼があるからこそ、未来においても信頼できるということです。したがって、人から信頼を得るためには実績が必要なのです。それは共同体の中で長い時間をかけて、共通の体験を経ることによってようやく育まれるものであるといえます。日本人はそうやってこの狭い島国の中で、信頼を育んできたといっていいでしょう。だからこんなに助け合えるのです。

　もちろん日本の特徴は国土が狭いことだけではありません。梅雨や台風に見舞われるこの独特の風土も特徴的です。和辻の目はその風土にも向けられます。

日本の倫理学の父

和辻哲郎

・風土・

風土と性格の関係を意識しよう

すなわち我々は「風土」において我々自身を、間柄としての我々自身を、見いだすのである。

『風土』

日本には日本の風土があるというのは、日本人が共通の体験をしてきたということの言い換えでもあります。和辻哲郎の『風土』は、まさにそんな共通体験としての風土について論じた本です。つまり、風土とは単なる自然現象ではなく、むしろそれは人間存在を規定するものだとされます。

具体的には、『風土』では世界と比較した場合の日本人のメンタリティの特徴、及びその原因が明確に記されています。和辻はまず、世界の風土をモンスーン型、砂漠型、牧場型の三つに分類します。

モンスーン型とは、東アジアや東南アジアに典型的な風土です。モンスーンと呼ばれる季節風の影響で、植物の生育に適した高温多湿な環境をもたらします。そのおかげで人々は農耕を営んで生活することができます。反面、洪水や台風など自然が猛威をふるうこともあり、自然に対して受容的あるいは忍従的な性格が形成されます。

砂漠型とは、西アジアや内陸アジア、アフリカに典型的な風土です。乾燥した砂漠の厳しい環境を前に、人々は放牧生活を送りながら、必死に抵抗しようとします。そこから自然やほかの部族と闘う戦闘的な性格が形成されていくのです。

牧場型とは、ヨーロッパに典型的な風土です。規則的に乾燥と湿潤が繰り返されるため、人々はそれに合わせて農耕や牧畜を営むことができます。いわば自然は合理的、計画的に支配されているわけです。こうして合理的思考を行う性格が形成されます。

ここで日本はモンスーン型に位置づけられます。だから、受容的あるいは忍従的な性格だというのです。和辻によると、受容性とは、豊富に流れ出でつつ変化において静かに持久する感情のことで、忍従性とは、あきらめつつもときに反抗し、その変化を通じて辛抱する性格のことだといいます。

実はこの受容性と忍従性こそ、共同体における連帯に不可欠の要素であるともいえます。人と助け合いながらやっていくためには、相手を受け入れることが必要ですし、また忍従的でなければなりません。連帯とは、自分を抑えてはじめて成り立つものなのです。この風土によって育まれた日本人の性格が、日本的な連帯を可能にする共同体を形づくっているわけです。

このように、私たちの本質は風土によって形成されていると同時に、その風土を見ればそこに住む人たちの性格がわかります。和辻の概念でいうと、間柄としての本質がわかるということです。

日本特有の概念にこだわった哲学者

九鬼周造

いき

未練を捨ててかっこよく生きよう

運命によって「諦め」を得た「媚態」が「意気地」の自由に生きるのが「いき」である。

『「いき」の構造』

京都学派の一人とみなされている九鬼周造《くきしゅうぞう》（1888-1941）は、当時としては長い足かけ八年にも及ぶヨーロッパ留学を経て、西洋思想との比較の中で日本独自の概念について哲学した人物です。また、留学だけでなく、幼少期に母親が美術行政家で思想家の岡倉天心と駆け落ちしたことも、九鬼の思想に大きく影響しているといわれます。そうして生み出されたのが「いき」という概念でした。

「いき」とは、江戸の遊里で生まれた美意識のことです。その意味で日本特有のものだといっていいでしょう。九鬼は、その中身について議論を始める前に、「いき」の民族的固有性について検討しています。つまり、「いき」は外国語に訳すことができない語なのです。

では、「いき」の本質とはどのようなものか。九鬼によると、それは芸者と客との男女関係にあるといいます。そして「いき」を構成する要素として、「媚態《びたい》」、「意気地《いきじ》」、「諦め」の三つを挙げています。

媚態とは、異性を目指して接近していくのだけれども、あくまで「可能的関係」を保つ二元的態度だといいます。つまり、お互いにぎりぎりまで近づくものの、決して合一することなく、一定の距離を置いた関係ということです。これは肉体的な話というよりは、精神的な話です。相手を束縛し、苦しめてしまわないこの距離感、あるいは二元性が、「いき」の重要な要素なのです。

次に意気地とは、異性にもたれかからない心の強みだといわれます。めそめそした態度とは正反対の、毅然とした態度です。そして諦めとは、仏教の世界観に基づく「流転や無常」を前提とした要素です。つまり、恋愛関係を含め、どんな人間関係もやがては解消されてしまいます。だからそれにこだわることなく、未練を捨てて新たな関係を生み出すことが大事だというわけです。そのほうがかっこいいと。

以上のような意味を持つ「いき」を一言でまとめたのが、「垢抜して（諦）、張りのある（意気地）、色っぽさ（媚態）」という表現です。ここに恋愛や結婚といった制度への批判を通じて、近代という罠、つまり合理主義という名の自由の剥奪を乗り越えようとした九鬼の先見性を見てとることができるのではないでしょうか。言い換えるとそれは、一元的な西洋の合理主義に対して、二元的な日本の反合理主義の可能性を見抜いていたということです。

97

日本特有の概念にこだわった哲学者

九鬼周造

■偶然性■

偶然訪れたこの運命を愛そう

偶然とは偶々《たまたま》然《し》か有るの意で、存在が自己のうちに根拠を有《も》っていないことである。

『偶然性の問題』

九鬼はほかの学問が手をつけない領域として、偶然性の問題にも挑戦しています。九鬼によると偶然性とは、必然性の否定です。そして必然とは存在が何らかの意味で自己のうちに根拠を持っていることだといいます。したがって、偶然とは存在が自己のうちに根拠を持たない、いわば無いということもあり得る存在だとなります。

ここからわかるのは、偶然とは必ず起こるとは限らないということ、もっというと、無いかもしれない存在だということです。でも、たまたま存在したわけです。九鬼はそれがなぜなのか、そして偶然が発生することにどういう意味があるのかを考えようとしたといっていいでしょう。

その点で、単に偶然の起きる回数を扱うにすぎない確率論とは全く異なるというのです。偶然性の問題は、あくまで哲学の問題であると位置づけます。そうしてこれを三つの態様に分類します。①定言的偶然、②仮説的偶然、③離接的偶然の三つです。著書『偶然性の問題』には、これら三つがそのまま章の見出しになっています。

まず①定言的偶然とは、物事が同一性にある状態が破れて、決して統合されることのない二元性を生み出した状態だといっていいでしょう。もう少しわかりやすくいうと、ある法則に対する例外的事態こそが定言的偶然なのです。

これに対して、②仮説的偶然とは、因果関係が持つ必然的な同一性が破られて、そこにほかの因果系列が入り込むことによって生じる二元的関係をいいます。つまり、本来出逢うはずのない二つのものがたまたま出逢ってしまったという事態です。

さらに究極の偶然として想定されるのが、③離接的偶然です。これは存在しないことさえあり得るものが、たまたま存在したという事態です。どんな物事も、おそらくそうやって存在しているに違いありません。存在しなかったかもしれないけれど、たまたま生じたのです。

ただ、たまたまかもしれませんが、それが無数の可能性の中から生じたのは事実です。九鬼はそこに無限の展望を見出します。だからこそ、今手にしているこの偶然性に「運命の愛」が生じるのだと。同時にそれは、他者が手にしている偶然性、運命に対しても、敬意を呼び起こす契機にもなります。その意味で、たとえどんな運命であっても、それは奇跡的に偶然訪れたものですから、愛すべきものなのです。

98

構想力の哲学者

三木清

構想力

人間ならではの創造をしよう

構想力の論理は歴史的な形の論理であり、且つこれを作る立場における論理である。

『創造する構想力』

三木清（1897-1945）は京都学派の哲学者で、西田幾多郎の愛弟子です。しかし西田のように無を中心に据えるのではなく、むしろ虚無の概念に着目し、そこから構想力によって何かを形づくるという方法をとりました。そんな三木の構想力概念を一言で表すと、ロゴス（論理的な言葉）とパトス（感情）の根源にあって、両者を統一し、形をつくる働きということになります。

もともと構想力というアイデア自体は、実はカントに由来します。カントは『純粋理性批判』において、あらゆる概念を認識するのに役立つ図式というものを見出しています。図式が形象を可能にし、その形象から概念が出てくるのです。こうした意味での図式を生み出すのが構想力なのです。

カントは『判断力批判』の中で、天才が構想力によって新たな図式を創造するといっています。三木はこの天才論に着目しました。カントは天才に関する四つの特性を挙げます。一つ目は、天才のつくるものは独創性を備えているという点です。二つ目は、天才のつくるものは無意味なものにならないように範例的、いわば一般的普遍的でなければならないという点です。三つ目は、天才の制作は自然に従うものでもなければならないという点です。そして四つ目は、天才の制作は芸術分野に限られるという点です。

三木はこのカントの設定した制約を越え、独自の解釈によって天才の構想力を人間全般の能力にまで拡張するのです。なぜなら、人間は皆、日々新たな形を創造しているからです。

こうした構想力によって形をつくる存在としての人間像は、三木によると人間と動物の違いに起因します。つまり、動物と違って、人間は外部の環境に合わせるのではなく、構想力によってその形を変えてしまおうとするわけです。その人間の主体と環境とを結びつける働きが「技術」だというのです。

技術は形をつくるという意味で構想力そのものですし、また形の見られる限り技術が見られるというわけですから、技術の主体は必ずしも人間でなくてもよくなってきます。実際三木は、そんな構想力が自然の中に備わっているともいいます。たとえば、動物の進化も環境に適応するための技術として見ることができるように。そう考えると、人間の構想力は、広い意味での自然の構想力の中に位置づけられることになります。これこそ三木のたどりついた超越的な世界を求める境地だったのです。

構想力の哲学者

三木清

・人生・

いい人生とは何か考えてみよう

人生は運命であるように、人生は希望である。運命的な存在である人間にとって生きていることは希望を持っていることである。

『人生論ノート』

『人生論ノート』はよく読まれている三木清の哲学エッセーです。死や怒り、そして幸福や健康など、様々なテーマについて哲学されています。しかも非常に読みやすいのです。たとえば幸福について、三木はこれこそが倫理のテーマだといいます。ところが、現代人はそれを忘れてしまっているのだと。

幸福とは知によってつくられるものなので、構想力が必要だというわけです。三木の構想力の議論がここでも出てきます。幸福は想像的なものだということです。面白いのは、それを外に向かって表現しないとダメだといっている点です。そうでないと伝わらないと。そのために「歌わぬ詩人というものは真の詩人でない」というたとえを使っています。こうした表現が『人生論ノート』を魅力的な読み物にしているのです。

あるいは「利己主義」について書かれた章では、いかにも哲学者らしい洞察がうかがえます。三木は、この世に純粋な利己主義などないといいます。あらゆる物事はギヴ・アンド・テイクなのだと。そして少し想像力を働かせれば、それは可能になるといいます。ここでもまた想像力という構想力に深く関係する言葉が出てくるところが三木哲学らしいといっていいでしょう。想像力を働かせることができれば、ギヴ・アンド・テイクが期待できる。社会はそんな期待を基礎にしたものでなくてはならないのです。そうでないとすさんだものになってしまう。三木はそういいたいのだと思います。

三木清は理想主義者なのです。それは「希望」について書いている箇所からもよくわかると思います。冒頭の名言がそれです。人生が一切必然でも一切偶然でも、いずれも希望などなくなってしまうということです。

しかし皮肉なことに、戦争という偶然が三木の運命を翻弄し、投獄された三木はそのまま病死してしまいます。無残にも希望は奪われてしまったのです。これもまた三木の論じた運命であり、人生なのかもしれません。きっとそうした人生の本質を見抜く鋭さゆえに、私たちは今なお三木の声に耳を傾けるのでしょう。

100

禅を世界に広めた哲学者

鈴木大拙

禅

個の意識を超えて考えてみよう

禅は元来、経験――すなわち人間の平常生活そのもの――を離れぬところにあるので、禅思想はやがて禅行為であり、禅行為はやがて禅思想である。

『禅の思想』

西田幾多郎にも影響を与えた人物、鈴木大拙《だいせつ》(1870-1966)は、禅を海外に広めた立役者として知られています。英語に堪能だった大拙は、海外にわたり、英語で禅について語り、著作を発表しました。彼のおかげで、禅は"Zen"として海外で最も有名な日本の哲学になっているのです。

大拙の思想が受け入れられたのは、東洋思想を西洋思想とはまったく異なるものとして提示したからだといっていいでしょう。つまり、両者には根本的に相容れないほどの違いがあって、だからこそ西洋的発想の代替物になり得ると思われたのです。

たとえば大拙は、「無分別の分別」を説くことで、個体という観念が幻想にすぎないという発想を生み出すに至ります。そんな西洋哲学では当たり前の主観主義や個体主義を否定してみせたところに、西洋のエリートたちを惹きつける要素があったのではないでしょうか。

では、大拙のいう禅とは何か？　冒頭の名言にもあるように、禅とは人間の生活そのものであり、人間の生活が行為と思想からなっている限り、禅もまた思想だけでなく行為から構成されているといいます。だから坐禅を組むことが重要な要素になってくるのです。このこと自体、頭で考えることのみを重視する西洋哲学とは大きく異なる点であるといえます。ただやっていることに専心せよというのです。

この態度が、先ほど紹介した「無分別の分別」に関係してきます。無分別の分別とは、超個の意識であるという点です。超個とは、文字通り個人を超えたものですが、そのベースに個があることに注意が必要です。いわゆる個人主義のいう個ではなく、個でありながらも個の外側にあるものと一体となった存在、あるいは意識を指しているといえます。

個人の意識である限り、分別たらざるを得ないし、そうあるべきなのですが、大拙は、それだけではダメで、その背後に無分別が求められるというのです。そうでないと物事をとらえきることができないからです。分別は人間の認識能力の一部でしかないのです。そのほかにも無分別が求められるのです。ごくわかりやすくいうと、無意識のようなものです。

分別では分けきることのできない部分に、無分別があるのです。その無分別を個が持つとき、それが無分別の分別になるのです。答えがわからないのは、分別だけで判断しようとしているからです。これこそ禅の哲学の神髄といっていいでしょう。

〔名言出典一覧〕＊文庫版等入手しやすい作品を優先して使用しましたので、原作もぜひ手に取ってみてください。

第1章

1　プラトン著、久保勉訳『ソクラテスの弁明・クリトン』岩波文庫、1927年
2　1と同じ
3　プラトン著、岩田靖夫訳『パイドン』岩波文庫、1998年
4　プラトン著、中澤務訳『饗宴』光文社古典新訳文庫、2013年
5　アリストテレス著、出隆訳『形而上学（上）』岩波文庫、1959年
6　アリストテレス著、高田三郎訳『ニコマコス倫理学（下）』岩波文庫、1973年
7　エピクロス著、出隆他訳『エピクロス―教説と手紙』岩波文庫、1959年
8　エピクテトス著、鹿野治助訳『エピクテトス「語録」』『世界の名著13』（中央公論社、1968年）所収
9　アウグスティヌス著、赤木善光訳「信仰・希望・愛（エンキリディオン）」『アウグスティヌス著作集　第4巻　神学論集』（教文館、1979年）所収
10　トマス・アクィナス著、山田晶訳『神学大全Ⅱ』中公クラシックス、2014年
11　マキアヴェッリ著、河島英昭訳『君主論』岩波文庫、1998年
12　マキアヴェリ著『政略論』、会田雄次編『世界の名著16』（中央公論社、1966年）所収

第2章

13　パスカル著、前田陽一他訳『パンセ』中公文庫、1973年
14　モンテーニュ著、松浪信三郎訳『随想録（エセー）（上）』河出書房新社、1966年
15　ベンサム著、山下重一訳『道徳および立法の諸原理序説』『世界の名著38』（中央公論社、1967年）所収
16　デカルト著、谷川多佳子訳『方法序説』岩波文庫、1997年
17　デカルト著、谷川多佳子訳『情念論』岩波文庫、2008年
18　スピノザ著、畠中尚志訳『エチカ（上）』岩波文庫、1951年
19　ライプニッツ著、清水富雄他訳『モナドロジー　形而上学叙説』中公クラシックス、2005年
20　ホッブズ著、永井道雄他訳『リヴァイアサン　Ⅰ』中公クラシックス、2009年
21　ミル著、斉藤悦則訳『自由論』光文社古典新訳文庫、2012年

22 J・S・ミル著、伊原吉之助訳『功利主義論』『世界の名著38』(15と同じ)所収
23 ベーコン著、桂寿一訳『ノヴム・オルガヌム(新機関)』岩波文庫、1978年
24 ベーコン著、服部英次郎他訳『学問の進歩』岩波文庫、1974年
25 ジョン・ロック著、大槻春彦訳『人間知性論(一)』岩波文庫、1972年
26 ロック著、鵜飼信成訳『市民政府論』岩波文庫、1968年
27 ジョージ・バークリ著、大槻春彦訳『人知原理論』岩波文庫、1958年
28 ヒューム著、土岐邦夫他訳『人性論』中公クラシックス、2010年
29 アダム・スミス著、山岡洋一訳『国富論　下』日本経済新聞出版社、2007年
30 アダム・スミス著、水田洋訳『道徳感情論(上)』岩波文庫、2003年
31 ルソー著、桑原武夫他訳『社会契約論』岩波文庫、1954年
32 ジャン＝ジャック・ルソー著、木田喜代治他訳『人間不平等起原論』岩波文庫、1972年
33 モンテスキュー著、野田良之他訳『法の精神(上)』岩波文庫、1989年
34 カント著、篠田英雄訳『純粋理性批判(上)』岩波文庫、1961年
35 カント著、篠田英雄訳『道徳形而上学原論』岩波文庫、1976年(改訳)
36 フィヒテ著、隈元忠敬訳『全知識学の基礎』『フィヒテ全集(第4巻)初期知識学』(晢書房、1997年)所収
37 北澤恒人他訳『同一哲学　私の哲学体系の叙述』『シェリング著作集　第三巻　同一哲学と芸術哲学』(燈影舎、2006年)所収
38 ヘーゲル著、藤野渉他訳『法の哲学Ⅱ』中公クラシックス、2001年
39 G・W・F・ヘーゲル著、長谷川宏訳『精神現象学』作品社、1998年
40 ショーペンハウアー著、西尾幹二訳『意志と表象としての世界Ⅲ』中央公論新社、2004年
41 キェルケゴール著、斎藤信治訳『死に至る病』岩波文庫、1957年(改版)
42 キェルケゴール著、斎藤信治訳『不安の概念』岩波文庫、1979年(改版)

第3章

43 マルクス著、エンゲルス編、向坂逸郎訳『資本論(二)』岩波文庫、1969年
44 ニーチェ著、木場深定訳『道徳の系譜』岩波文庫、1964年(改版)
45 ニーチェ著、『ツァラトゥストラはこう言った(上)』岩波文庫、1967年
46 ベルクソン著、中村文郎訳『時間と自由』岩波文庫、2001年
47 ベルクソン著、真方敬道訳『創造的進化』岩波文庫、1979年
48 フロイト著、懸田克躬訳『精神分析学入門』『世界の名著49』(中央公論社、1966年)所収

49 エーリッヒ・フロム著、鈴木晶訳『愛するということ　新訳版』紀伊國屋書店、1991年
50 アルフレッド・アドラー著、桜田直美訳『生きるために大切なこと』方丈社、2016年
51 アラン著、神谷幹夫訳『幸福論』岩波文庫、1998年
52 ラッセル著、安藤貞雄訳『幸福論』岩波文庫、1991年
53 フッサール著、立松弘孝訳『現象学の理念』みすず書房、1965年
54 ハイデガー著、熊野純彦訳『存在と時間（一）』岩波文庫、2013年
55 ハイデガー著、関口浩訳『技術への問い』平凡社ライブラリー、2013年
56 J―P・サルトル著、伊吹武彦他訳『実存主義とは何か』人文書院、1996年（増補新装版）
57 56と同じ
58 M・メルロ＝ポンティ著、滝浦静雄他訳『見えるものと見えないもの』みすず書房、1989年
59 エマニュエル・レヴィナス著、合田正人編訳『レヴィナス・コレクション』ちくま学芸文庫、1999年
60 レヴィナス著、合田正人訳『存在するとは別の仕方で　あるいは存在することの彼方へ』朝日出版社、1990年
61 ジョン・デューウィ著、清水幾太郎他訳『哲学の改造』岩波文庫、1968年
62 ウィトゲンシュタイン著、野矢茂樹訳『論理哲学論考』岩波文庫、2003年
63 ウィトゲンシュタイン著、藤本隆志訳『哲学探究』『ウィトゲンシュタイン全集8』（大修館書店、1976年）所収
64 クロード・レヴィ＝ストロース著、馬渕東一他監訳『親族の基本構造（上巻）』番町書房、1977年
65 クロード・レヴィ＝ストロース著、大橋保夫訳『野生の思考』みすず書房、1976年

第4章

66 ミシェル・フーコー著、渡辺一民他訳『言葉と物　人文科学の考古学』新潮社、1974年
67 ミシェル・フーコー著、田村俶訳『監獄の誕生　監視と処罰』新潮社、1977年
68 ジャック・デリダ著、ポール・パットン他編、谷徹訳『デリダ、脱構築を語る　シドニー・セミナーの記録』岩波書店、2005年
69 ジャック・デリダ著、高橋允昭訳『声と現象　フッサール現象学における記号の問題への序論』理想社、1970年
70 ジル・ドゥルーズ、フェリックス・ガタリ著、宇野邦一他訳『千のプラトー　資本主義と分裂症』河出書房新社、1994年
71 ハンナ・アーレント著、大久保和郎他訳『全体主義の起原　3』みすず書房、1974年
72 ハンナ・アーレント著、志水速雄訳『人間の条件』ちくま学芸文庫、1994年
73 エリック・ホッファー著、田中淳訳『波止場日記』みすず書房、1971年
74 テオドール・W・アドルノ著、木田元他訳『否定弁証法』作品社、1996年
75 ユルゲン・ハーバーマス著、河上倫逸他訳『コミュニケイション的行為の理論（上）』未來社、1985年

76 ユルゲン・ハーバーマス著、細谷貞雄他訳『公共性の構造転換　市民社会の一カテゴリーについての探究』未來社、1973年
77 ジョン・ロールズ著、川本隆史他訳『正義論』紀伊國屋書店、2010年
78 ロバート・ノージック著、嶋津格訳『アナーキー・国家・ユートピア　国家の正当性とその限界』木鐸社、1992年
79 マイケル・サンデル著、鬼澤忍訳『これからの「正義」の話をしよう　いまを生き延びるための哲学』早川書房、2010年
80 トマス・ポッゲ著、立岩真也訳『なぜ遠くの貧しい人への義務があるのか　世界的貧困と人権』生活書院、2010年
81 アマルティア・セン著、大庭健他訳『合理的な愚か者　経済学=倫理学的探究』勁草書房、1989年
82 アントニオ・ネグリ、マイケル・ハート著、水嶋一憲他訳『〈帝国〉　グローバル化の世界秩序とマルチチュードの可能性』以文社、2003年
83 ピーター・シンガー著、関美和訳『あなたが世界のためにできるたったひとつのこと　〈効果的な利他主義〉のすすめ』NHK出版、2015年
84 カンタン・メイヤスー著、千葉雅也他訳『有限性の後で　偶然性の必然性についての試論』人文書院、2016年
85 マルクス・ガブリエル著、清水一浩訳『なぜ世界は存在しないのか』講談社選書メチエ、2018年

第5章

86 金谷 治訳注『論語』岩波文庫、1963年
87 小林勝人訳注『孟子〈下〉』岩波文庫、1972年
88 蜂屋邦夫訳注『老子』岩波文庫、2008年
89 金谷治訳注『荘子 第一冊［内篇］』岩波文庫、1971年
90 浅野裕一著『孫子』講談社学術文庫、1997年
91 金谷治訳注『韓非子　第四冊』岩波文庫、1994年
92 西田幾多郎著『善の研究』岩波文庫、1979年
93 西田幾多郎著、上田閑照編『西田幾多郎哲学論集1　場所・私と汝 他六篇』岩波文庫、1987年
94 和辻哲郎著『倫理学（一）』岩波文庫、2007年
95 和辻哲郎著『風土　人間学的考察』岩波文庫、1979年
96 九鬼周造著『「いき」の構造　他二篇』岩波文庫、1979年
97 九鬼周造著『偶然性の問題』岩波文庫、2012年
98 三木清著『京都哲学撰書 第十八巻　三木清「創造する構想力」』燈影舎、2001年
99 三木清著『人生論ノート』新潮文庫、1978年（改版）
100 鈴木大拙著『禅の思想　新版 鈴木大拙禅選集　第一巻』春秋社、1990年

おわりに――哲学をもっともっと学ぼう！

名言を手掛かりに、二千数百年にも及ぶ哲学の歴史をざっとたどってきましたが、皆さんはどんな印象を持たれましたか？　人類の英知の重みを感じる？　哲学を見直した？　そんな肯定的な印象ばかりであることを期待したいと思います。

いや、実際哲学の歴史というのは、素晴らしいものだと思うのです。何もかもが使い捨てのこの時代においてはなおさら輝いて見えます。すぐ学べて、すぐに役立つ知というのは、得てして耐用年数が短いものです。その瞬間しか役に立たないのです。

ところが、哲学の知は違います。なかなかスッとは入ってきませんが、その分生涯にわたって様々なところで役立ってくるのです。なんといってもそれは、哲学が普遍的な知であるからにほかなりません。

長い年月を経て吟味されてきたにもかかわらず、いまだに耐え抜いている。それはやっぱり強靭な知であり、いつの時代もどこででも当てはまるものなのです。

本書を読んでいただいた皆さんに、もうここまで書けば十分かと思いますが、最後に私が強調したいのは、そんなすごい学問哲学をもっともっと学んでいただきたいということです。次は本書を手掛かりにして、本文で紹介した古典にチャレンジしてもらってもいいですし、コラムで書いた哲学カフェに参加するというのもいいでしょう。

哲学に終わりがないように、哲学を学ぶことにも終わりはありません。ぜひ哲学から人生を学び続けていただければと思います。

さて、本書の執筆に当たっては、多くの方に大変お世話になりました。とりわけ企画から校正に至るまでサポートしていただいた教育評論社と、本書を書くきっかけにもなったＮＨＫ・Ｅテレ「世界の哲学者に人生相談」の関係者の皆様には、この場を借りてお礼を申し上げたいと思います。最後に、本書をお読みいただいたすべての方に改めて感謝を申し上げます。

二〇一八年春

小川仁志

◉著者略歴

小川仁志（おがわ ひとし）

哲学者。山口大学国際総合科学部准教授。

1970年、京都府生まれ。京都大学法学部卒、名古屋市立大学大学院博士後期課程修了。博士（人間文化）。商社マン（伊藤忠商事）、公務員、フリーターを経た異色の経歴。徳山工業高等専門学校准教授、米プリンストン大学客員研究員等を経て現職。大学で新しいグローバル教育を牽引する傍ら、商店街で「哲学カフェ」を主宰するなど、市民のための哲学を実践している。また、テレビをはじめ各種メディアにて哲学の普及にも努めている。NHK・Eテレ「世界の哲学者に人生相談」には指南役として出演。専門は公共哲学。

主な著書に『7日間で突然頭がよくなる本』『すっきりわかる！超訳「哲学用語」事典』（以上、PHP研究所）、『絶対幸せになれるたった10の条件』『思考力を鍛える50の哲学問題』『自分の子どもを天才にして成功させる本』『7日間で武士道がわかる不思議な授業』『小川仁志の〈哲学思考〉実験室』（以上、教育評論社）など多数。

世界の哲学者の言葉から学ぼう
100の名言でわかる哲学入門

2018年5月22日 初版第1刷発行

著　者　小川仁志
発行者　阿部黄瀬
発行所　株式会社 教育評論社
〒103-0001
東京都中央区日本橋小伝馬町1-5 PMO日本橋江戸通
Tel. 03-3664-5851
Fax. 03-3664-5816
http://www.kyohyo.co.jp
印刷製本　萩原印刷株式会社

定価はカバーに表示してあります。
落丁本・乱丁本はお取り替え致します。

ISBN 978-4-86624-014-5